大方
sight

DAVID
FOSTER
WALLACE

06

大卫·福斯特·华莱士

The Last Interview
最后的访谈

[美] 大卫·福斯特·华莱士 著
徐阳子 译

中信出版集团｜北京

图书在版编目（CIP）数据

大卫·福斯特·华莱士：最后的访谈 /（美）大卫·福斯特·华莱士著；徐阳子译. --北京：中信出版社，2019.6

书名原文：David Foster Wallace: The Last Interview and Other Conversations

ISBN 978-7-5217-0693-2

Ⅰ. ①大… Ⅱ. ①大… ②徐… Ⅲ. ①访问记-作品集-美国-现代 Ⅳ. ① I712.55

中国版本图书馆 CIP 数据核字（2019）第 104191 号

"Something Real American" by Laura Miller first appeared in Salon.com, at http://www.Salon.com. An online version remains in the Salon archives. Reprinted with permission.
"There Can Be No Spokesman" © Tom Scocca. Interview conducted for the *Boston Phoenix*, which published an edited version in 1998.
"A Brief Interview with A Five-Draft Man" by Stacey Schmeidel, appeared in *Amherst* magazine, published by the Trustees of Amherst College.
"To Try Extra Hard to Exercise Patience, Politeness, and Imagination": This interview first appeared in the November 2003 issue of the *Believer*. Reprinted by permission.
"Some Kind of Terrible Burden": first broadcast on "To the Best of Our Knowledge," a production of Wisconsin Public Radio and Steve Paulson, Executive Producer. © 2004 Board of Regents of the University of Wisconsin System.
The Last Interview: Reprinted by permission of the *Wall Street Journal*, © 2008 Dow Jones & Company, Inc. All Rights Reserved Worldwide.
This edition arranged with MELVILLE HOUSE PUBLISHING through BIG APPLE AGENCY, LABUAN, MALAYSIA.
Simplified Chinese translation copyright © 2019 by CITIC Press Corporation.
ALL RIGHTS RESERVED
本书仅限于中国大陆地区发行销售

大卫·福斯特·华莱士：最后的访谈

著　　者：[美]大卫·福斯特·华莱士
译　　者：徐阳子
出版发行：中信出版集团股份有限公司
　　　　　（北京市朝阳区惠新东街甲4号富盛大厦2座　邮编　100029）
　　　　　（CITIC Publishing Group）
承 印 者：上海盛通时代印刷有限公司

开　　本：880mm×1230mm　1/32　　印　张：4.25　　字　数：91千字
版　　次：2019年6月第1版　　　　　印　次：2019年6月第1次印刷
京权图字：01-2019-2788　　　　　　广告经营许可证：京朝工商广字第8087号
书　　号：ISBN 978-7-5217-0693-2
定　　价：28.00元

版权所有·侵权必究
凡购本社图书，如有缺页、倒页、脱页，由销售部门负责退换。
服务热线：400-600-8099
投稿邮箱：author@citicpub.com

目录

1　"真正的美国味"
采访者 劳拉·米勒
沙龙网，1996 年 3 月 9 日

17　"没有代言人"
采访者 汤姆·斯科卡
《波士顿凤凰报》，1998 年 2 月 20 日

55　与一个"五稿"作家的简短访谈
采访者 斯黛茜·施迈德
《艾姆赫斯特》，1999 年春季刊

67　"加倍努力培养耐心、礼貌和想象力"
采访者 戴夫·艾格斯
《信徒》，2003 年 11 月

95　"某种可怕的负担"
采访者 史蒂夫·保尔森
"尽我们所知"广播节目，2004 年 6 月 17 日

117　最后的访谈
采访者 克里斯托弗·法利
《华尔街日报》，2008 年 5 月

整个世界正在用那些肘部贴有皮革补丁的家伙认为流行、琐碎或短暂的东西侵犯着我的末梢神经。

"SOMETHING REAL AMERICAN"

"真正的美国味"

采访者
劳拉·米勒

沙龙网（Salon）
1996 年 3 月 9 日

大卫·福斯特·华莱士低调、书生气的外表与他宣传照上胡子拉碴、头戴印花方巾的形象截然相反。但即使是一位以新潮著称的小说家也必须化身为训练有素的严肃作家，才能在三年内完成一部厚达一千零七十九页的作品。华莱士的第二部小说《无尽的玩笑》堪称鸿篇巨制。故事发生在不久的将来，美国、加拿大和墨西哥已实现合并，新英格兰北部则成为一个巨大的有毒垃圾排放场。小说讲述了发生在精英网球学院的故事以及附近感化院居民的困境与挣扎，在这里，广告已渗透到生活的方方面面，连私家车都不放过。《无尽的玩笑》雄心勃勃，充斥着大量俚语，读者不时会被作者惊人的创造力所倾倒。尽管如此，小说仍然拥有坚实的情感内涵以防止其被眼花缭乱的语言游戏所淹没。对于一个旨在捕捉时代精神的当代作家而言，小说中时而闪现出的某种智慧令人振奋。

现年三十四岁的华莱士任教于布卢明顿-诺默尔镇的伊利诺伊州立大学，为大一新生教授文学课程。此时的他收起原本的聪明善辩，表现出一个学者应有的谦虚谨慎。他在采访中谈论了千禧年来临之际美国人的生活，流行文化的普遍影响，在一个娱乐至上的社会中小说家的角色，以及他在最近一次小说巡展中所展现的令人惊叹的创作灵感。

米勒　　当你开始写这本书的时候打算做什么?

华莱士　　我想写点伤心的东西。我已经写过一些有趣的、沉重的、理性的东西，但我从来没有尝试过悲伤的题材。我希望小说中有不止一位主角。我想做的另外一件事就是老生常谈了：我想写一点真正美国的东西，记录千禧年前后在美国生活的真实感受。

米勒　　那么这是一种什么样的生活呢?

华莱士　　这种生活中有一些特别令人难过的东西，与物质环境、经济制度或新闻中谈论的东西都没有太大关系。这种悲伤更加深入直觉。我在自己和朋友身上都以不同的方式看见过。它表现为一种迷失感。这种感觉是否为我们这代人所独有，我真的不知道。

米勒　　关于《无尽的玩笑》的报道中并没有过多提及"匿名戒毒会"在故事中所扮演的角色。这一角色与你的整体主题有何关联?

华莱士　　这本书里所讲述的以及我亲身经历的悲伤，是一种真正的美国式的悲伤。我是白人，中上层阶级，受过良好的教育，事业上获得比预期更大的成功，生活中有点随波逐流。我的朋友大多如此。他们中的一些人吸毒成瘾，一些人是可怕的工作狂，还有一些每晚都泡在单身酒吧。你可以发现二十种表达悲伤的不同方式，但其实都是一回事。

我的一些朋友加入了匿名戒毒会。我一开始并没有想写太多关于匿名戒毒会的内容，但我知道我想写瘾君子，我知道我想写感化院。我和朋友去过几次戒毒会，发现它的作用真的非常强大。书中有关戒毒会的内容应该足以反映现实，但我还希望它能回应那种当事情并不能如你所愿时而带来的失落感。对毒瘾问题的彻底揭露以及对匿名戒毒会治愈作用的记录，是我能想到的反映主题的最直接的方式。

我的感觉是，当我们这些怀有优越感的美国人步入三十岁时，我们中的很多人不得不寻求某种方法来抛开那些孩子气的东西，去直接面对精神和价值观的问题。匿名戒毒会的模式也许不是唯一的方法，但在我看来它不失为一条相对有效的途径。

米勒　小说中的人物必须挣扎着面对一个事实，那就是匿名戒毒会试图通过那些看似简单的陈词滥调，向他们灌输一些相当深刻的道理。

华莱士　这对那些受过教育的人来说尤其难以接受，而这类人恰恰是本书的目标读者。我的意思是，这本书对于普通的文学爱好者来说也许就像一份鱼子酱。对我来说，小说一开始就要呈现出一种厌恶感。我心中想的是诺曼·李尔于1977年拍摄、由邦尼·富兰克林主演的著名情景剧《活在当下》，比如小说和剧作中都提到的那个针筒注射器。显然，上瘾的一部分原因是你太需要某种东西，当它被人夺走的时候，你甚至想死。糟糕的是，对付上瘾的唯一办法是在午夜建造一堵围墙，并且控制自己不要往墙的那边看。《活在当下》讲的故事虽然看似简单又乏味，却能帮助人们走出地狱。在我看来，戒毒最初六个月的感受就如同地狱一般，这让我感到震惊。我认为，这个国家对原则和价值的智能化与审美化是摧毁我们这代人的力量之一。比如，我父母曾经教导我说，"不说谎真的非常重要"。好的，收到，明白了。我点头，但并不代表我认同。直到差不多三十岁的时候我才意识到，如果我骗了你，我也就无法再相信你。我感到很痛苦、紧张、孤独，但就是想不明白为什么。然后我突然意识到，"哦，也许解决这个问题的方法真的是不说谎。"这个想法如此简单并且毫无审美趣味，我曾经越过它去寻找更加有趣和复杂的素材，实际上，它在某种程度上比那些宏大、原始、讽刺、色情的东西更有营养。这一感受对我而言非常重要，我觉得有必要传递给我的同代人进行体会。

米勒　你是否试图在你所使用的流行文化素材中寻找类似

|||的意义？这种事情可能会被视为小聪明或者肤浅。

华莱士　我一直认为自己是一个现实主义者。我还记得在读研究生时和教授们为此产生争论。在我的生活中，每天至少产生两百五十则广告以及难以计数的娱乐资讯，其中大部分的目的是向我推销东西。整个世界正在用那些肘部贴有皮革补丁的家伙认为流行、琐碎或短暂的东西侵犯着我的末梢神经。我在小说中使用了相当数量的流行元素，但我的用意其实与其他人描写树木、公园，或者一百年前人们到河边打水的意图没有什么不同，它们代表着我所生活的这个世界的肌理。

米勒　如今成为一名年轻的小说家，你在职业起步、建立事业等方面有什么感受？

华莱士　就我自己而言，我觉得那是一段非常美好的时光。有的朋友肯定会表示反对，他们认为小说和诗歌如今都被边缘化了。我的一些朋友有时会陷入一种误区，认为"读者是愚蠢的，读者只想了解这么多。我们太可怜了，被电视挤到边缘，电视太催眠了"等等。你们大可围坐在一起进行自我怜悯，但这些当然都是胡说八道。如果一种艺术形式被边缘化，那有可能是因为它没有深入人心，也有可能是它的目标群体变得太愚蠢而无法欣赏。这对我来说似乎不难做到。

如果你——一名作家——执念于"读者太过愚蠢"这个想法，那么可能会落入两种陷阱。第一种是前卫的陷阱，因为你认为自己是在为其他作家而写作，于是便不会考虑到作品是否通俗易懂以及是否有价值意义，而将重心放到作品在结构和技巧上的创新：比如用正确的方式将情节线索复杂化、制造适当的互文参考、让作品看上去机智和巧妙等。这时你并不关心是否与读者进行了交流，而读者阅读的原因恰恰是希望与作品产生共鸣。另一种陷阱是用程式化的方法生产那些粗制滥造、愤世嫉俗的商业化作品，这类作品简直是电视节目的纸质版本，它们以幼稚的方式制作出怪异并且简单的东西，以此吸引并操纵读者。

奇怪的是，我发现作家们往往挣扎于这两种做法之间，其根源实际上都出自同样的观念，那就是对读者的轻视，即认为文学目前的边缘化地位是读者的错。其实我们可以尝试一些在情感及智力上具有丰富性、挑战性以及困难性的先锋文学作品，这些作品会促使读者正视问题而不是忽视问题，不过这样做的同时必须使读者获得阅读的快感，让读者感觉到有人在与他们诚恳地交流，而不是装模作样地摆姿态。

造成这一状况一部分可能要归因于我们所处的这个充满娱乐的时代，真正意义上的娱乐，我们必须去想小说如何才能在这个时代脱颖而出，去夺取自己的领土。你可以试着思考那些使小说变得神奇、而其他艺术和娱乐形式都不具备的特质。你还要弄清楚小说是如何吸引读者的，要知道大部分读者的感知力都会受到流行文化的塑造，但你同时要避免被流行文化机器所操控。我知道这样做会非常困难、迷惑，甚至可怕，但它真的值得一试。

如今有这么庞大的商业娱乐体系，它们如此优秀，如此巧妙，我想任何其他年代的人都不曾经历。这就是现在作为一名作家的感受。我认为目前是最适合生活的美好时代，也许也会是成为作家的最佳时机。当然，我并不是说这是最轻松的时刻。

米勒　　在你看来，小说独特的魔力体现在哪里？

华莱士　　哦，天啊，这个话题可以说上一天了！我首先想说的是，现实世界中存在着一种永恒的孤独感。我不知道你在想什么或者你的内心是什么样的，你也不知道我的内心。但是在小说中我们可以通过某种方式翻越你我之间的那堵高墙。但这只是第一个层次，因为与人物角色建立精神或情感上的亲密关系是作家通过艺术手法造成的错觉或设计的策略。在另一个层次上，小说则试图建立起一种对话——即作者与读者之间的对话。实际上，作者与读者之间存在着一种关系，这种关系非常奇怪，非常复杂，并且难以言说。对我来说，一部非常伟大的小说可能会、也可能不会把我带走，让我忘记自己正坐在椅子上。真正商业化的东西可以做到这一点，或者一个引人入胜的情节也可以做到这一点，但它们都不会减轻我的孤独感。

有魔力的小说会给人一种恍然大悟的感觉，让人至少在一段时间内感同身受。这种情况不会一直发生，它们只是短暂的闪光或火焰。我有时候便会获得这种体会，让我在智力上、情感上和精神上都不再感到孤独。我感到充实，仿佛获得重生，与小说或诗歌中的另一种意识进行了一场深刻而有意义的对话，这种体会是我在其他艺术形式中无法得到的。

米勒　　哪些作家给你带来过这种感受呢？

华莱士　　这个问题很难回答，我要提到的大多是人们可能会绕开的作家。当然我并不是说我的作品能与他们媲美。

米勒　　我明白。

华莱士　　好吧。历史上那些让我的心为之震撼的作家和作品有：苏格拉底在葬礼上的演说、约翰·邓恩的诗歌、理查德·克拉肖的诗歌，我时不时读读莎士比亚（虽然不是那么经常），济慈的短篇作品、叔本华、笛卡尔的《第一哲学沉思录》和《谈谈方法》、康德的《未来形而上学导论》(虽然它的所有翻译版本都糟透了)、威廉·詹姆斯的《宗教经验之种种》、维特根斯坦的《逻辑哲学论》、乔伊斯的《一个青年艺术家的画像》、海明威——尤其是他在《在我们的时代里》中所讲的意大利的故事，真让我着迷！弗兰纳里·奥康纳、科马克·麦卡锡、唐·德里罗、拜厄特、辛西娅·奥齐克——她的短篇作品，尤其是那部《升空》，带有浓厚的品钦色彩。唐纳德·巴塞尔姆，尤其是他那篇题为《气球》的作品，正是这个故事激发了我想要成为作家的念头。托拜厄斯·沃尔夫、雷蒙德·卡佛最好的作品——我是说真正著名的作品。斯坦贝克没开始打鼓之前写的东西、斯蒂芬·克莱恩百分之三十五的作品、《白鲸》、《了不起的盖茨比》。

我的天啊，还有那些诗歌。也许我热爱菲利普·拉金胜过其他所有人，还有露易丝·格丽克、W. H. 奥登。

米勒　　那你同时代的作家呢？

华莱士　　我们这个群体有一个标签叫"伟大的白人男性"，我想我们中间有五个人的年纪都在四十岁以下，白人，一米八以上的个子，并且戴眼镜。理查德·鲍尔斯，他的住处距我只有四十五分钟路程，我们却只见过一次。威廉·沃尔曼、乔纳森·弗兰岑、唐纳德·安特里姆、杰弗里·尤金尼德斯、里克·穆迪。目前正让我着迷的是乔治·桑德斯，他的新作《衰退时期的内战疆土》刚刚出版，非常值得关注。A·M·霍姆斯的长篇作品我认为不够完美，但每隔几页总有一些东西让你折服。凯瑟琳·哈里森、玛丽·卡尔[1]——她最出名的作品是《骗子俱乐部》，但她同时还是一位诗人，并且我认为她是五十岁以下最棒的女诗人。另外几位女作家是克丽丝·马扎、利琪·杜克奈特和卡罗尔·马索[2]。我的一个朋友读过马索的《阿瓦》之后说，这部作品让他的心脏都勃起了。

米勒　　跟我讲讲你的教学生涯吧。
华莱士　　我被大学聘请教授创意写作，我其实不喜欢教书。刚开始的两个星期，我要去教那些还没有写过五十篇文章并且还在学习中的人。接下来我的任务更多地变成去教大部分人如何讲真话以及消除某些人的自我意识。

我喜欢教一年级新生的文学课，因为伊利诺伊州立大学有很多来自乡村的学生，他们没有受过良好的

---

1 玛丽·卡尔（Mary Carr, 1955- ），美国诗人、评论家、传记作家。《骗子俱乐部》是她的一部回忆录作品。
2 卡罗尔·马索（Carole Maso, 1955- ），美国当代小说家、散文家，以其实验性、诗意的叙事而闻名。《阿瓦》（*Ava*）是她于1993年出版的一部虚构作品。

教育，并且不喜欢阅读。他们在成长过程中一直认为文学意味着枯燥乏味的东西，与他们的生活毫不相干，就像鱼肝油一样可有可无。于是我会更多地教他们一些当代的东西。比如我总是会在第二个星期让他们学习A·M·霍姆斯《安全对象》作品集中的《一个真正的娃娃》，讲述了一个男孩与芭比娃娃之间发生的事情。这是一个非常巧妙的故事，但表面上看却非常地扭曲和病态，对那些十八岁的学生尤其具有吸引力，因为他们五六年前要么还在玩洋娃娃，要么正受到姐妹们的虐待。这些孩子们意识到阅读文学作品有时会非常困难，但有时又会有所收获，阅读文学作品可以给他们带来在别处得不到的东西。看着学生们逐渐醒悟令我非常有成就感。

米勒　　你如何看待读者对你作品篇幅的反应？是你写着写着它们就那么长了，还是你想以此达到某种特殊的效果，或者说明某个特别的问题？

华莱士　我知道这样做有些冒险。因为一方面它对读者提出要求，首先是买书的费用增加了；另一方面出版社也不乐意，因为他们赚的钱变少了——现在的纸张太贵了。如果对长度不加限制，那么就会像《纽约时报》那位优雅的日本女士那样引起公愤。我清楚这一点。我最初提交的手稿有一千七百页，后来被删去了将近五百页。所以我的这位编辑不仅仔细阅读了我的手稿,而且逐字逐句地对全书进行了两次修订,我为此还特意飞到纽约与他商谈。如果我的书看起来混乱无序,那么你怎样编辑都没问题,问题是我书里所有内容的存在都有其特定的意义和目的。我非常看重作品的长度,因为如果读者认为这个长度是不必要的,那么就可以宣布这本书失败了。但是我的这部小说的长度绝对是有必要的,不需要再对它进行任何编辑或删减。

这是一本奇怪的书,它不遵循普通作品的那种情节发展模式,并且有一大堆各色各样的人物。我想这样做至少表示我真诚地希望书中的每一页都能吸引读者,让他们感到有趣。我不希望用棒槌敲打着读者,告诉他们,"嘿,这是一本充满智慧并且非常难读的书。随便你吧,看你能不能读得懂。"我知道那种书是什么样子,并且往往对它们避之不及。

米勒　　你在小说中为什么选择网球学院作为故事背景,并将它与感化院进行对比?

华莱士　我一直想写一些有关运动的故事,我认为体育运动中体现出的执着追求的精神有点像某种形式的上瘾。

米勒　　书中一些人物会发出这样的思考,也就是这种对竞争的执念是否有意义?

华莱士 我个人经常思考这个问题,也曾经和我的学生讨论过。你是一个年轻作家,你仰慕那些年长的作家,并希望有一天能取得像他们一样的成就。但你如果把所有的精力都放在羡慕和嫉妒上就不好了,这件事具有两面性,被人妒忌是一种很不错的感觉,但妒忌本身却是一种负面的情绪。你会发现怀有这种想法的人往往想取得一定的声望,他们对某种虚幻目标的渴望远远超过追求的过程本身。这是一种真正美国式的病态现象,美国人倾向于为了成功一心投入工作,从而完全放弃了自我,而且非常在乎他人对自己的看法。我想说的是,大家想知道为什么我们总是感觉到疏远、孤独、紧张和疲惫吗?

网球是我比较了解的一种运动,对我来说它充满魅力和价值。《网球》杂志曾经想写一篇关于我的文章,我个人觉得这是个好主意,也许有一天我还能借此认识一些网球明星呢,这是个不错的机会。

我不是一个伟大的记者,我无法采访任何人,
但我能做的是把自己的内心打开并呈现在你面前,
让你看到我也是一个普通人,
有着跟普通人一样的思考内容与方式。

"THERE CAN BE NO SPOKESMAN"

"没有代言人"

采访者
汤姆・斯科卡

《波士顿凤凰报》(*Boston Phoenix*)
1998 年 2 月 20 日

斯科卡　首先向读者说明一下，你是在布卢明顿接受的这次访问吗？

华莱士　跟你谈话吗？是的，先生。

斯科卡　你使用的是什么样的电话？

华莱士　什么样的电话？这是哪种电话？这是一个松下牌EASA系列的电话，E-A-S-A，连字符，P-H-O-H-E（电话）。我不知道是什么型号。电话上连接了一个小型的答录机，虽然这答录机的工作情况估计达不到消费者的预期。

斯科卡　好的，让我们拭目以待。

华莱士　你向读者介绍得可真详细，不是吗？

斯科卡　是啊，必须想办法把读者带入我们的对话情境。

华莱士　嗯哼。

斯科卡　你现在有没有留胡子、戴头巾或者戴眼镜呢？你好像时不时会改变装扮。

华莱士　这有什么关系吗？我们不是在假装……假装我们坐

在同一个房间里进行访谈吗？

斯科卡　　有关系。

华莱士　　我从来没有留过络腮胡子。偶尔我会试着让胡子长出一点，但你知道这就像一个十五岁的女孩没有剃腋毛一样，我忍受不了，最后还是把胡子剃了。此时此刻我头上没有戴方巾，不过不久之前我还戴着，因为我刚从郊外遛狗回来。

斯科卡　　好的。你养了多少条狗？

华莱士　　这可是所谓的"软新闻"，不是吗？

斯科卡　　是的。所以，你有多少条狗？

华莱士　　我有两条狗，它们需要进行大量的运动，才能避免对家里造成破坏。

斯科卡　　它们是边境牧羊犬还是什么品种？

华莱士　　它们——，嗯，它们都是普通的杂交狗，但主要血统是黑色的拉布拉多。体型都很大，并且非常爱捣蛋。白天必须让它们筋疲力尽，否则就会把墙都啃烂。有人告诉我，这样会损害房产的价值。

斯科卡　　你期待来到波士顿吗？

华莱士　　是的，我曾经来过这里。我什么时候来的呢？应该是两年前吧，不，其实是去年，我当时在布拉特尔剧院举办读书会，我想应该是去年的事。实际上，我昨天刚从波士顿回来，我去观看了《心灵捕手》这部电影。放电影的地方距离我上次住的地方很近，所以勾起我不少怀旧之情。

斯科卡　据你所知，非虚构作品是否吸引了不同的读者，还是说它得到了与虚构作品不同的读者反应？

华莱士　哇，这个问题问得好。我想人们一般对于非虚构作品的兴趣不太大，所以我的这本书引起的反响比其他作品要小得多。书中收录的文章都是我在过去六七年内陆续完成的，最后统一进行了重新修订。但是，你要知道，我并没有在其中投入太多感情。所以这本书，至少对我而言，是一部比较轻松的作品。至于读者方面，我真是一点概念都没有，我一般都不太关注这个问题。

斯科卡　对你来说，不同类型的写作有什么区别呢，比如虚构和非虚构作品？

华莱士　哦，天哪。这算是一个美学问题，还是一个技术问题呢？

斯科卡　美学、技术、智力问题。

华莱士　天呐。你知道，关于非虚构作品有一点很奇怪……

我真不知道，我意思是说，我不是记者，也不准备假装自己是记者。其实这本书中的很多内容是《哈泼斯杂志》指派给我的，他们给我下达了许多疯狂的指令，类似于让你到某个地方，嗯……旋转三百五十度，重复这样的动作，然后告诉大家你看到了什么，等等。

所以说，杂志社的指令有些模糊不清，让人感到有些……我说不太清楚这种感觉。说实话，我一直认为自己是一位小说作家。我对小说以及小说相关的所有元素都非常感兴趣。小说对我而言更加重要。所以我想我对虚构作品会更加重视和紧张，担心我所写的东西，担心我写得好不好，或者思路对不对。另一方面，很多非虚构作品也很有趣。你知道吗，并不是说我不在乎，而是它们对我更像……好吧，我试试这样说，我对此不是专家。我不想不懂装懂，因此杂志社是否采纳我的作品对我来说不是特别重要。所以我想，非虚构作品更像是一个游戏吧，对我而言。

奇怪的是，当我的个别非虚构作品引起关注后，其他杂志社也开始找我约稿，接下来我理所当然地认为自己可以继续创作这类作品，然后自信心越来越膨胀，最后和写小说一样，我也开始为我所写的东西担惊受怕。就是这样。

我这样说算不算回答了你的问题呢？

斯科卡　　是的，我的问题有了答案。你在书中收录的一系列文章，涵盖的领域比较广泛。鉴于现在找你约稿的人越来越多，有没有什么内容是你不想触及的？

华莱士　　嗯，我已经决定暂时不再写这类非虚构的作品了，主要是我会以此为借口，反而耽误了虚构作品的创作。所以，是的，有很多主题我不想写。可笑的是，我觉得杂志社之间的竞争太大了，他们都极度追捧那种题材……我的那篇文章在哪里呢？实际上，那是一篇关于"名人游轮"公司的很长的文章，其中一个版本就收录在《哈泼斯杂志》中。当时有一些编辑很喜欢这篇文章，你知道，我曾经在杂志圈中炙手可热。

于是，我经常会接到一些约稿，比如，我试着回忆一下……好吧，我不会告诉你杂志社的名称，但有一次一家杂志社让我去参加一个裸体主义者集会，并写文章把这一过程记录下来。还有一次，一家杂志社让我写一篇关于伊丽莎白·泰勒的文章，她当时正在出席某个新香水品牌的产品发布会，更离奇的是这场发布会竟然在一个空军基地举行。我还曾经被杂志社要求去采访大卫·鲍伊。采访什么内容呢，我完全不知道，我对大卫·鲍伊一无所知。

诸如此类。令人难以置信的是，有一段时间我接到了大量的这类约稿，于是我不得不接受了其中的几个邀请。我选择了几个可能会有兴趣或者稍微熟悉点的主题去写，但对于大部分约稿，我只能一笑了之，然后跟他们说声谢谢。

因此，对于你的这个问题，我想我的答案是，我的文章涉及的广泛主题只是因为杂志社给我打电话，然后说"你想写这个吗？"或者"你想写那个吗？"，而我就这样答应了。我并不是坐下来，经过深思熟虑说，"好的，我想就这个主题写两篇文章"，或者"就那个主题写四篇文章"。

斯科卡 你给《网球》写的文章也是杂志社的约稿吗？

华莱士 是的。我曾经给《网球》杂志写过一篇关于美国网球公开赛的文章，还给《时尚先生》杂志写过一篇关于职业模特的文章。不，《网球》里的那篇文章没有收录在这本书里。

斯科卡 好的。

华莱士 因为这本书的编辑不想把那两篇文章都收录进来。但是，是的，《网球》杂志找到我并向我约稿。我当时真是激动极了，因为我小时候就喜欢读《网球》，还曾经尝试过杂志中介绍的消防演习程序，甚至把我们当地的法院大楼都用胶带隔离起来。所以，当这么大牌的杂志社打来电话，我毫不犹豫地一口答应，准备奔赴美网公开赛现场进行跟踪报道。

斯科卡　　那么当《网球》的编辑收到你的稿件后，他们对于你的文体风格是什么样的反应呢？

华莱士　　我不认为他们对我的风格有任何意见。但我对杂志社最大的意见是……嗯，是他们对文章长度的限制。我真的非常努力地遵守他们的要求，然而却在不知不觉中超出了他们规定的字数，接着便开始了可怕的编辑和删减过程。

《网球》对文章的删减尤其苛刻，我记得有一次甚至为此跟主编争执起来，这位主编可是当时康涅狄格州声誉卓著的名人。我们争执的内容是关于——你知道，美国网球协会当时做出一些荒唐可笑的事情，我的文章中提到一些这方面的内容，那位主编却要求将这部分内容删除，因为美国网球协会是这本杂志的大赞助商。这时候我当然站上了小小的道德高地，还援引了《第一修正案》来为自己争辩。最后问题当然是解决了。我还记得那位可怜的小编辑——那家伙叫什么名字来着？詹宁斯，杰伊·詹宁斯——他真是太可怜了。我和主编就像两只正在打架的猫，而他正好夹在我们这场战争中间。他当然不想丢了工作，于是便觉得有义务告诉我应该怎样处理等等。无论如何，整件事情的结局还算圆满吧。

斯科卡　　我注意到书中有不少地方，你似乎是在向编辑发起挑战。你会说"他们也许不会喜欢这个",或者"他们会把这里删掉"。

华莱士　（轻声笑）是的。

斯科卡　那么书中有没有哪些内容没有逃过审查,而被删掉了呢?

华莱士　没有。当时做这本书的真正原因——除了布朗先生说他们有出版意愿,以及我自己是个混蛋之外——是我认为这是一个很好的机会,把那些被不同杂志裁剪得支离破碎的文章的本来面目呈现在读者眼前。所以,让人又气又乐的是,这本书里收录的文章保留了原稿99%的内容,其中就包括了我说"估计这部分会被编辑删掉"这样的话。因为我知道,这本书的编辑裁剪文章所用的剪刀不像其他杂志社那么锋利。于是我——

斯科卡　你预计"这部分会被删除"的这类话语有没有收录到《哈泼斯杂志》中呢?

华莱士　《哈泼斯杂志》……《哈泼斯》做了三件事,他们的确做了一些删减工作。但我认为他们删减得比较巧妙,而且他们会更多地与作家进行沟通和协商。有时候,出于娱乐的效果,他们还会特意保留几句我的那种言论。但是,绝大部分,绝大部分都被删掉了。编辑们会提出非常具有说服力的理由,告诉我他们需要删掉三千字，然后问我某处脚注是否跟其他内容一样重要？我会告诉他们不那么重要，然后问题就解决了。

斯科卡　你在文章中写道，安德烈·阿加西看上去就像港务局的妓女……

华莱士　我不知道……

斯科卡　这部分内容也是原稿里的吧？

华莱士　我想《时尚先生》……《时尚先生》的确保留了那方面的某些内容。我记得我的母亲读过之后，再见到我时眼睛都快瞪出来了。我在写波姬·小丝的时候还说，"你会对着她的照片手淫，但不会跟她发生性关系"——这种话其实都是我在凌晨四点，喝过十五杯咖啡之后的混乱状态下随手写出的句子。如果我稍微神志清醒一点，都不会把它们放到定稿中去，但我还是放进去了。然后我记得，《时尚先生》保留了这些言论。这就是《时尚先生》。你知道，他们就是想尽可能地制造一些不和谐音符。于是——但不管怎么说，我想，我应该在这里说明一下，我之所以创作这本书真的有一个原因，这个原因说出来可能会有些幼稚，那就是我费尽心力写出的这些文字，最后却被杂志社大卸八块，弄得支离破碎，现在我终于有机会呈现出一个所谓的"导演剪辑版"。

我说自己是混蛋这句话你不用登出来。（笑）我只是想说，有出版社愿意出版我的书是一件令我兴奋的事情。现在我的麻烦更多了。

斯科卡　你这篇写"名人游轮"公司文章的原版手稿大约有多少字？为此你花费了多长时间呢？我是说实际写作的时间。

华莱士　我不知道具体有多少字。我是说，我记得我总是想办法糊弄杂志的编辑，给他们寄的手稿都是用单倍行距和八磅字体。

斯科卡　你知道无论用什么格式，电脑都能计算出实际字数的吧。

华莱士　是啊，所以编辑们觉得受到了侮辱，他们心里想，搞什么鬼，把我们当笨蛋吗？以为我们认不出字体变化吗？所以我经常碰到这种情况，他们给我打电话，非常生气，然后我不得不改用十二磅字体、双倍行距修改手稿，再重新寄给他们。

我记得这篇"名人游轮"的文章原本大概有一百一十页，后来被删掉了将近一半。然而每次我向《哈泼斯杂志》抱怨的时候，他们都会敷衍我说，你看，这已经是我们《哈泼斯》有史以来出版的最长的稿子了。每当这个时候，我都只能闭上嘴，勉强做出一副无所谓的样子。

话说回来，这篇游轮文章花了我……我想想，我是三月份完成的，嗯，这篇文章大约花了我三个月的时间。然后我又花了将近两周时间修改，我是说专门飞到纽约，与编辑坐在一起讨论稿子。我们就像带孤儿的寡妇那样斤斤计较，逐字逐句地进行调整和删减，好让文章达到出版社的要求。这个过程其实挺刺激的，我们在向杂志社交稿的前一小时又重新写了结尾的部分。当时的情况是，排字工人一边在他们的夸克系统中进行排版，我和编辑还在紧急重写最后一部分内容。

当时简直就像新闻里播出的那样，我不知道你还记得那个情景吗，就是当琼·库萨克不得不奔跑着穿越整个走廊，把播出带及时送给主播杰克·尼科尔森。这可以算得上我在杂志行业的巅峰时刻了。我会永远记着那一刻。

斯科卡 那你们是重写了一个完全不同的结尾，还是只修改了部分内容？

华莱士 其实对于《哈泼斯杂志》的编辑来说没什么大不了的，这就是他们的日常工作。我喜欢《哈泼斯》的编辑，我认为他们都非常厉害。当时那位编辑对我说，"我觉得这个结尾不好。"我当然跟他争论起来，不过最后还是不得不屈服，并且当场写了个新的结尾。那个结尾，那个结尾……他是对的，新写的结尾比之前的要好很多。

于是，这个全新的、更好的结尾就出现在这本书里。《哈泼斯》的编辑对一些文字进行了修饰，使它们看上去不那么笨重和冗长，所以我之前说这本书完全呈现出原稿的样子也许不太准确。我想应该说这本书是原版与编辑剪辑版的最佳组合。

很抱歉，我觉得我说得不是特别清楚。我尽力而为吧。

斯科卡 你说的很有道理。我想问一下，对于这本上万字的书稿，出版商也是按照字数的标准来付费吗？

华莱士 我想杂志社应该不是按照字数计费，好像《纽约客》是按字数付钱的，但我从来没有给《纽约客》写过稿件。不过，《哈泼斯杂志》的报酬……我记得《哈泼斯》好像是按两千五或三千的标准付费。你瞧，《哈泼斯》付的钱相对少些，但他们给你找的麻烦也会少一些。这算是跟他们做的交易吧。

就拿虚构作品来讲，你也要和出版商做交易。比如你在文学刊物上发表一篇文章，他们并没有付给你任何报酬，但他们也不会破坏你的故事。但如果你把文章发表在一个看似光鲜亮丽的杂志上，你会得到更多的报酬，我想这会让你觉得很兴奋，但同时你非得不厌其烦地跟审核员和编辑等人交手四到五个回合不可。

跟《大西洋月刊》和《纽约客》这种著名杂志相比，《哈泼斯》付的钱不如它们多，但是《哈泼斯》会跟你商量着办事，而不是硬把东西塞进你的喉咙。嗯，我这么说并不是要诽谤其他杂志，我只是觉得，《哈泼斯》可能没有其他杂志那么有钱，它大概处于高档杂志和文学期刊之间的某个位置吧。

其他杂志社嘛，嗯……每次投稿你大概会获得上千元的报酬，但这其实也没多少钱。我想，除非你每两周投一次稿，而且要选择类似《体育画报》那种杂志。

斯科卡 你在小说之后又来写非虚构作品，如何处理忠于事实这个问题呢？因为在非虚构这一领域，你所说的话必须在某种程度上具有真实性对吧？

华莱士 这是个好问题。按照顺序来讲，我写的第一篇非虚构类的文章是关于一个中西部的居民打网球的故事。这篇文章我写得很随意，有点印象派那种风格，我当时不知道，也从来没有跟"事实核查员"打过交道。后来他们告诉我，"我们的事实核查员经过调查发现，你文章中所写的伊利诺伊州的奥罗拉市，根本就没有游轮和网球俱乐部，我们该怎么办？"我当时的反应是：哦，天呐。

所以，经过那次之后，我写文章时开始注意做笔记，并且注重事实依据。实际上，真正的问题在于——这话我只对你以及《波士顿凤凰报》善解人意的读者们说——你雇用一个小说作家来写非虚构作品，在语言上总会时不时地出现一些修饰或润色吧。

其实不用说大家就能明白，当人们告诉你一件事情时，他们的叙述往往是呆板僵硬的，所以如果你就这样逐字逐句地记录下来，那么后期必须对他们所说的话加以润色。我的意思是说，比如在这里加上一些比喻，或者把那个人原本叙述中的停顿处理掉，如此之类。我并不想为我的做法道歉。

斯科卡　　那么，当你在记录某个真实事件时，还有其他人也参与了这一事件。文章刊出后，你有没有得到过当事人的反馈信息呢？我这时候想到了特露迪的那次事件——

华莱士　　（叹气）

斯科卡　　你形容特露迪时说她看上去像——

华莱士　　那次……那次事件真的非常糟糕，因为"名人游轮"公司对我真的很友好，他们向我发出邀请，也非常期待我的文章能够刊出。后来我的文章如期发表，你知道，然后我就再也没有他们的消息了。我觉得……我担心我伤害了他们的感情。

事实上，你要知道，我当时说特露迪看起来像男扮女装的杰基·格利森，我知道这话很不好听，但是如果你能……如果你能见到她，你就知道我没有说假话。我说的真的是事实。所以这也是我不常写非虚构作品的原因之一，因为在伤害某个人以及向读者讲真话之间的界限太过微妙了，我真的把握不好。还有关于迈克尔·乔伊斯的那篇文章——叫什么名字来着？哦，就是这本书里标题非常长的那篇——真的让人非常、非常沮丧。我能告诉你吗？好的，我不会说出那本杂志的名字。其实这篇文章本来是另一个杂志约的稿，但是被我搞砸了，因为后来我真的喜欢上了这个孩子。文章中记录的关于这个孩子的有些事情本来会非常有趣，他几乎是非常赤裸坦诚地把这些事告诉了我，然后要求我不要刊登出来。然后，你知道，我按他的要求做了，我没有把那些事情写到文章里。

但是，我真是个白痴，我犯了一个错误，那就是把事情的经过告诉了最开始的那个杂志社，于是他们便撤回了这篇稿子，所以我根本没指望这篇文章还能再发表。《时尚先生》在这个时候出现了，我猜测当时的情况是，《时尚先生》的一位编辑在与那个杂志社的编辑喝酒时得知了这个故事，接着就把它登了出来，甚至没有删掉其中那些恶心的内容。

其实并不是那个男孩做了什么恶心的事情，只是一些可能会让他觉得难堪的事。问题是，我想，如果我真的是一位专业人士，我就会把它们发表出来。我是说，反正我再也不会见到这个家伙，他说的话我都有记录，里边没有任何可能会触犯法律的内容。然而，我敢说你也遇到过这种情况，我竟然慢慢地被他吸引了，我当时真的挺喜欢他的。

我在写"名人游轮"公司的文章中之所以放进了一些不太友好的内容，一个原因就是我已经得到了教训。你要知道，我并不想伤害任何人，也不想讨论任何人跟白宫实习生发生性关系之类的事情。但是我一定要讲出真相。我不能太过顾虑特露迪的感受而置事实于不顾。你一定要知道，她是一位非常善良、和蔼，但真的不那么美丽的女士，而她恰好看上去像男扮女装的杰基·格利森。

斯科卡　也许，如果你当时能用一些文字专门解释一下这个背景，就不会让人觉得那么难以理解。

华莱士　其实我在文章的初稿里解释过了，但编辑指出这样做不仅浪费文字，而且看上去好像我得到了鱼又想要熊掌。就像我一边说着她的坏话，一边还给她做颈部按摩。所以，这部分内容最后就被砍掉了。

斯科卡　但是你当时的确是希望鱼和熊掌兼得吧，不过你的本意是好的。

华莱士　我对此并不感到羞耻，我的确希望兼得鱼和熊掌。

斯科卡　　我注意到这篇文章原稿的标题和杂志中收录的标题不太一样？

华莱士　　天呐，我热爱杂志，但是文章标题都是由杂志社的编辑决定的，而且他们根本不跟你商量。如果你提出反对意见，他们就开始摆出什么印刷风格啦，杂志形象啦等等一堆废话。对此你完全无能为力，不过我也有自己的报复方法。

斯科卡　　有没有这种可能，"名人游轮"公司从《所谓好玩的事》这篇文章中挑选出一些不那么负面的段落，然后使用"乘船远行"这个标题重新刊登出来，用于宣传推广呢？

华莱士　　我觉得这件事有两方面的情况。第一，我必须授权给他们，但是我不会这样做的，因为发生了那次弗兰克·康罗伊的可怕事件。但是第二，他们也不准备那样做，因为他们不感兴趣，而且事实上，他们与《哈泼斯杂志》之间还存在一些法律诉讼方面的冲突。

《哈泼斯》的这些编辑们——你一定要见见他们——在电话里平静地对我说，这篇文章中90%的内容都是在重复说明"名人游轮"之旅是多么的疯狂、奢侈、豪华。所以……他们开始还挺坚持的，后来就有点让步了。

你要知道，我并不是在指责他们满嘴喷粪，我只是想说，我当时真的担心他们的恶意评价会造成更加严重的后果。其实在这件事情上，我所受到的影响远比"名人游轮"公司还要大。但无论如何，我想，他们总要为自己的利益打算吧——我也说不清楚。

我不知道你对这个是否感兴趣，这件事其实挺好笑的。"名人游轮"公司有那种类似于公关公司的机构，负责公司的新闻发布和推广之类的事情。最开始的时候，我需要跟这个部门沟通。于是《哈泼斯》给了我这位女士的电话，我想我在这篇文章里还提到过她。

斯科卡	是的。
华莱士	刚开始的时候我们聊得很好。你知道，一切进展得都非常顺利，她向我提供了很多帮助。接着，随着事情的进一步发展，她开始为有些问题而生气，到最后甚至把我打发给公关部门的一位副总，而这位副总简直就像一大早吃了落基山牡蛎那样气势汹汹。

她一开始就对我说类似"我们需要这份文件的副本""我们必须确保你将来不会诽谤我们"等等这样的话。所以事情就变得越来越可笑。虽然我很想把这些内容写进文章里去，但它们确实与游轮本身的内容没什么关系，所以我就放弃了这个念头。不过，这些事情实在让人非常不愉快。

斯科卡　　自从你写了那篇文章后，还有弗兰克·康罗伊的消息吗？

华莱士　　我试着回忆当时到底发生了什么事。关于康罗伊那件事最令人难过的是，他在电话里给我的回应真的非常正派得体。我就是非常简单地问他说，"我这边掌握了一些情况，你那边有什么解释来回应这件事吗？"然后他就说了那些话，而我就把他说的话记录并且发表出来。

我想起来了一些事情……我想当时我们之间没有面谈过或信件往来，但他和我有一些共同认识的人，所以事后我通过这些朋友向他转达过我的歉意，其实也算不上是道歉，更多是遗憾吧，我希望那件事没有给他带去更大的伤害。后来他也通过朋友对我表达了"他并不介意"之类的话。

所以说，那次事件真的很严重。你知道，这个人对我来说简直就是英雄，尤其是他的那本《停止时光》。所以我真的不想对他造成任何伤害，但是我仍然认为他当时的所作所为的确是有错的。

斯科卡　　除了康罗伊之外，还有哪些非虚构作家给你的创作带来过启发，或者说——？

华莱士　　哦，天呐，那很多了。从我上大学开始，我就是琼·迪迪恩和宝琳·凯尔的超级粉丝。我不知道，我想就散文而言，宝琳·凯尔是无与伦比的。也许约翰·麦克菲最好的作品也能与之媲美。

我说不上这些作家具体给我带来了哪些影响，但如果单从我的痴迷程度来说，康罗伊的第一部作品，还有托拜厄斯·沃尔夫和他著名的《这个男孩的生活》，哦，天呐，简直太棒了！还有哈佛一位叫哈代的数学家写的《一个数学家的辩白》。

顺便提一句，哈代还出现在《心灵捕手》中。你看过这部电影吗？

斯科卡 没看过。

华莱士 哦，好吧。电影中简单提到了哈代这个人。总之，我认为有不少非常、非常、非常优秀的非虚构作家。但我必须说，我个人认为其中最伟大的要数宝琳·凯尔。安妮·迪拉德也很不错，但她可能更保守、拘谨一些。

斯科卡 你有没有看过《哈泼斯杂志》"抑郁的人"系列专栏中收录的迪拉德的那篇文章？

华莱士 是的，我看过。我想这个系列的文章简直是对假期愉悦气氛的连续猛击。当时还发生了一件奇怪的事，我的天，出版社本来要在十一月前后发布这个系列，但他们心想，哦，不行，我们不能在圣诞节期间发布这些作品，它们太过压抑了。于是他们一直等到一月份才发布。然而，一月份的杂志却在圣诞节前大约十天的时候出现在每家每户门前。

所以,我不知道,我不知道他们是怎么想的。

那算是迪拉德比较奇怪的一篇文章,但绝对是迪拉德的风格。她讲述了南美洲的一群人围观一只被绑在树上奄奄一息的鹿的故事。你知道我说的是哪一篇吗?

斯科卡　知道。

华莱士　那真是……她描述的有些场景真是令人毛骨悚然。顺便问一下,你这篇访谈有字数限制吗?

斯科卡　这篇吗?我不知道,我们到时候会把你说的话转录成文字,然后看情况再定。

华莱士　那你有没有——我是说,你肯定也经历过删减的过程吧?

斯科卡　哦,当然了。

华莱士　我都听到你咬牙的声音了。

斯科卡　是的。

华莱士　所以你能理解我的感受。

斯科卡　当然理解。

华莱士　是的。

斯科卡　　是啊，早些时候，我曾经有一篇文章被删去了大约70%。

华莱士　　所以你能明白我在说什么，你知道，就是当我说《哈泼斯杂志》编辑那些事情的时候。实际上，有些时候，那些编辑对文章的删减真的是有益的，于是你就变得越来越依赖他们，因为随便乱砍真的太简单了。比如说，他们会告诉你，"我们想再插入一个GAP公司的广告，所以咱们砍掉四个段落吧"。这种事情总是会让你非常难过。

斯科卡　　是的，毫无疑问。

华莱士　　顺便说一下，我以前也读《波士顿凤凰报》，那段时间我一直待在波士顿，出于宗教原因。

斯科卡　　哦，是吗？很高兴听到你这么说。

华莱士　　我觉得《凤凰报》办得挺有意思。

斯科卡　　你怎么看《心灵捕手》这部电影呢？

华莱士　　啊哈。我想这绝对是一部有关书呆子的奇幻电影。我觉得电影内容有点像童话，但我还是非常喜欢，另外，明妮·德瑞弗简直令人着迷。

电影中的很多内容都棒极了。你知道吗，电影中真的包含了微积分的知识，而且里边的故事就发生在波士顿。我认识的一个人看了这部电影之后，形容它介于电影《凡夫俗子》和《电脑神童》之间，我认为这个评论挺有意思的。如果你看过这部电影，你就会发现，它们之间其实一点关系都没有。（轻声笑）

你还记得那部电影吗？《电脑神童》，以你的年纪应该没看过吧？

斯科卡　《电脑神童》？不，我没看过。

华莱士　哦，神童的扮演者是著名的库尔特·拉塞尔。他在电影里是某个大学的学生，学校的电脑室里发生了一起电气事故。你知道的，就像老式科幻片那样，"某次毒气事故把他变成了蜘蛛侠"。所以他感到很震惊，要知道这里都是非常棒的旧式电脑，有类似卷盘磁带那样的东西不停地运转。显然，电脑向他的大脑传输了有史以来人类已知的所有数据。于是，他去参加大学生知识竞赛。电影里还有乔·弗林，还有很多其他的著名演员。你有机会一定要看一看。迪士尼出品的，我想大概是1969年或1970年的电影。

斯科卡　哦，那是在我出生之前。

华莱士　是的，好吧，不过我们有神奇的录像带。

斯科卡　是的。《波士顿凤凰报》的评论员在评论《所谓好玩的事》的时候写道,你的文字"代表了当代四十岁以下、中产阶级美国人的语言风格,华莱士的写作方式令我想起自己说话的方式"。而且你在很多地方被赞颂为一个时代的代言人。

华莱士　赞颂?

斯科卡　赞颂?当然。或者说"称赞"吧。你怎样看待公众给你的这个定位呢?

华莱士　我,呃,我不知道。我记得几年前在波士顿做一次广播节目,当时有听众打进电话,询问我作为"X一代"代言人的感受。其实,我的年纪已经有点超过 X 那代人了,所以整件事看上去好像有点荒谬,因为……你多大了?

斯科卡　嗯,二十六岁。

华莱士　哦,好吧,我比你大多了,我是说,我三十五岁了。所以我想,对于我们这代人,或者说比我再年轻几岁的人来说,我们这个时代的典型特征就是没有代言人。我们这代人完全是一群"乌合之众",根本没有 20 世纪 60 年代的那种统一意识或者 80 年代的保守思潮。

所以说,那种时代代言人的想法反而凸显出整个时代道德沦丧、混乱无序以及人际疏离的实际状态,我觉得这很愚蠢。我喜欢那些听起来比较亲切的东西，仿佛有个人在我耳边说话。我想我写的一些东西至少试图响亮地发出自己的声音，给读者带来听觉上的感官刺激。我意思是，上帝啊，你知道，其实人们一直以来都在做这件事，甚至两百年以前就开始做这件事。这根本不是什么新鲜事。

斯科卡 你认为艺术在多大程度上试图创造出一种非艺术的效果？

华莱士 我不太明白你的意思？

斯科卡 我是说试图使自己的作品看上去自然，来达到那种效果——

华莱士 我不知道。我想……应该很难给出准确、清晰的答案吧。想达到这种效果，有时候非常简单，有时候又很难。我想唐·德里罗应该是一个比较有意思的例子。我认为他的作品鲜活地还原出人们之间的真实对话。

如果你读过德里罗作品中的对白，你会发现它们很有趣，因为它们听上去非常真实，也非常自然。但如果你回过头去仔细思考，就会发现其实并不是这样。你知道吗，它就像……嗯……比如在一行对白里，你会看到一个人说，"我只是想说——"然后就转到下一行对白，而这两行对白之间的停顿远比真实对话中要长得多。现实生活中，比如你和我之间发生了争执，这时我说，"我只是想说——"，而你肯定会在我话音落下之前就打断我的话，是这样吗？

斯科卡　嗯嗯。
华莱士　我不知道自己说得清不清楚。也就是说，从某种程度上而言，这样的行文其实根本就不自然。而且我认为它实际上是一种非常做作的人为的处理方式。不过，想达到效果也有一个窍门，那就是当读者阅读速度非常快的时候，他们的脑子里往往有个声音在与他们对话，就好像另一个人在跟你讲话那样？这样效果就非常自然了。我觉得这种情况非常有意思。

斯科卡　在你自己的作品中，你的脚注总是隔断读者的思路，迫使读者或来回跳跃，或前后对照，而不是按照线性的方式一路顺畅地阅读下去。阅读你充满大量脚注的作品时——我其实还挺擅长阅读你的作品——我总会在页面空间的安排上发现一些有趣的现象。
华莱士　嗯哼？

斯科卡　比如说，我知道某个内容应该出现在左手页面的下方，但实际上它并不在那里。就好像我迷失在你的文字之中。你究竟想让读者花多大的力气阅读你的作品呢？

华莱士　你知道吗？跟你说实话，我并不是那样想的。我真不是那样想的，我不想像棋手那样，需要一直预测每一位读者的反应。

实际上，脚注是《无尽的玩笑》中有计划性、系统性的重要部分，它们变得有些……你会不知不觉沉迷其中。而对我来说，大部分脚注是我在创作《无尽的玩笑》时随意在键盘上敲打出来的内容，所以说它们好像在模仿一种曲折、跳跃、循环的思维方式。

我不知道你是怎么样的，但我个人思考事物以及体验事物的方式绝对不是线性的，也不是有秩序、有层次的，而是不断地循环往复。我的大部分非虚构作品都是这样。你瞧，我不是一个伟大的记者，我无法采访任何人，但我能做的是把自己的内心打开并呈现在你面前，让你看到我也是一个普通人，有着跟普通人一样的思考内容与方式。

而在某种程度上，我认为那些脚注更好地反映出，不能说是意识流，而是思维模式的真实状况。至于不同的读者究竟是怎样进行阅读的——我是说，我曾经碰到过有的人把脚注全集中到最后再读，也有人完全按照脚注的顺序进行阅读。

对我来说，我想脚注的唯一问题，也是它们最棘手的问题在于，脚注是一种刺激性物质，需要我额外下功夫，既要做得贴切恰当，又要读起来有趣。

不过这时常会造成一些问题。比如,每当我想起一个笑话,我都想把它放进文章里,或者以脚注的形式放进去。我遭遇最严重的一次删减过程就是大卫·林奇的那篇文章。当时的编辑让我把内容砍掉了近三分之一,而其中大部分是插科打诨式的脚注。我想他这么做也算有道理吧。

斯科卡 你写过多少插科打诨的东西?当你写这样的内容时,你在多大程度上是故意制造幽默效果,还是说这种喜剧效果是从你的思考过程中自然而然产生的呢?

华莱士 我告诉你,之前我说一段时间内我不会再写非虚构作品的另一个原因是,到最后——我想我写过的最后一篇非虚构类文章是关于大卫·林奇的——真的会出现一些滑稽的场面。滑稽的是某个神经质、超级敏感的家伙告诉你,并不是每个人都觉得这件事很奇怪,然而这一情况本身非常奇怪。

这就像你试图去注意一件大家都注意到的事情,但他们并不知道自己已经注意到了?我想不少优秀的喜剧演员也是这样做的。我肯定不会说,"哦,现在我们需要来个笑话",然后就随便插入一则笑话或其他什么东西。

即使我这样做了,它的结果也是被编辑删除。因为,你知道,如果这些内容不是必要的,那么读者就会毫不犹豫地把你的书丢到墙角去。

我的解释不是特别清楚，但我已经尽最大努力说出我的真实想法。

斯科卡　当你在文中写道石油钻塔"像口交那样上下浮动"——

华莱士　是的，不过那场面真的很相似吧。（笑声）

斯科卡　它们真的很像，但同时也……这样比喻非常滑稽——

华莱士　为这件事我和编辑当时还发生了严重的争执。因为最开始我想模仿口交的声音创造一个新词，来达到听觉上的效果。但编辑说那个词不存在，让我必须使用规范的"口交似地"这个词语，而我认为这个词读起来有点像"宫殿似的"[1]，我不喜欢这个效果。于是，整整四十八个小时，我们竟然为这点破事争执不下。

斯科卡　哦，是的，常有这种事发生。你以为自己灵光一现，好不容易想出一个莎士比亚式的新词——

华莱士　是啊。

---

1 "口交似地"英文原文是 fellatially，"宫殿似的"英文原文是 palatially，华莱士认为这两个词语在读音和拼写上都存在相似之处。

斯科卡　　然后编辑不知道从哪儿冒出来了——
华莱士　　是的。

斯科卡　　——无情地向你指出你搞错了。
华莱士　　就是这样。我不知道他们……好吧，他们之中有些人的确挺不错的，但有些人就真的惹人厌了。简直让人厌烦到极点。
现在我必须想想，他们中间会不会有人读到这篇文章。

斯科卡　　作为叙述者的大卫·福斯特·华莱士与真实的你之间的距离究竟有多远？
华莱士　　我不明白你的问题。

斯科卡　　你作品中呈现出的人物形象，其中人工雕琢的痕迹有多重呢？比如我们能清楚地看到你的坦诚，你对思考过程的真实呈现。但与此同时，你也曾经说过，就像写大卫·林奇的那篇文章，你感觉自己的用心良苦最后变成一出滑稽戏。
华莱士　　好的。嗯……我认为真诚有时反而会闹出笑话。我很了解人，尤其是在私生活中，你知道那种自尊自大的人，不经思考绝不轻易开口，所以从他们口中你永远听不到实话。他们会说，"我看上去怎么样？""嗯，我必须说你看上去棒极了，但如果要我说实话,你看上去糟透了"——你知道我说的哪种人吧?

斯科卡　嗯哼。

华莱士　嗯……(叹气)问题在于,过一段时间之后,几乎所有事情都开始呈现出这种后现代的姿态。比如这本书的前四篇或五篇文章,尤其是关于游轮的那篇,我不认为其中有任何伪装的表面形象,即使有也被一次又一次的删减程序消灭完了。我会把一些看上去笨拙或其他不好的段落删掉,因为我觉得读者并不总在寻求娱乐性。

就像大卫·林奇那篇文章,写到最后,我开始听到自己脑海中的声音,而我曾经以为那个声音是非虚构作品所特有的。我觉得我不是特别喜欢在非虚构作品中加入人物角色。我认为从本质上来说,人物角色是虚构作品的核心,因此不应该出现在非虚构作品中,尤其是那种试图向你展现思维过程的非虚构作品。

所以,这也许是我决定暂时停止非虚构作品创作的又一个原因。

我最朴素的想法是,如果你在四到五年的时间内不再创作任何非虚构作品,也许你会完全变一个人,而当你再次回到这个领域的时候,你的表达方式和敏感程度都会发生很大的改变。如果运气好的话。

斯科卡　　那么你现在正在写什么呢?
华莱士　　你上大学时读过巴门尼德吗?苏格拉底之前的作家?

斯科卡　　没有。
华莱士　　巴门尼德有一个非常有意思的说法是,不存在的事物就无法被明确地说出来。这是不是相互矛盾?

斯科卡　　是的。
华莱士　　我喜欢引用巴门尼德。

斯科卡　　好吧。你在上大学时读过很多巴门尼德的作品吗?
华莱士　　那是我们的必读书。我记得曾经花上几个月的时间研读苏格拉底之前的作家。我们当时有一位教授是研究前苏格拉底派的大家。

斯科卡　　你当时的专业是什么?
华莱士　　我是……唉,其实我是数学专业,但我不确定是否掌握了足够多的数学知识。我认为我的专业更多是哲学和英语吧。

斯科卡　　好吧。
华莱士　　实际上,这三者之间的关系非常紧密。我从来没有宣称过自己是数学专业,但是大部分哲学课,比如逻辑学、语义学、数论等等,其实都结合了哲学和数学知识。

斯科卡 你之前说过,曾经有一段时间——比如六天的时间——你成为杂志界炙手可热的人物。你是如何看待名声的变化起伏呢?

华莱士 我们这里所说的名声,比如在六天内迅速成为有名的作家和一位地方天气预报员的粉丝团其实是一个性质,不是吗?当然,现在杂志社已经不再每天给我打电话找我约稿了,其实说实话这对我反而是种解脱,因为我手头还有很多别的事情要忙。

你瞧,其实我从20世纪80年代中期就开始写作了。从那时起,我不知见过多少作家火起来,然后不火了,然后又火起来,接着又沉寂下去。过一段时间之后,你也就不再拿它当回事了。我们作家的名声起伏其实就像肠胃蠕动一样不足为奇。

我认为文学界目前太过痴迷于针对特定的人制造某种热度,你明白吗?其实就像电影行业和音乐行业一样。虽然相比之下,出版业所涉及的金钱少到几乎可以忽略不计了。

现在没有那么多人给我打电话了,这让我觉得很舒适,我其实不太喜欢被公众当作什么大人物。因为如此一来,除了让我内心膨胀之外,一切其实并无不同。

斯科卡　　你成为大明星时的场面是怎样的？

华莱士　　哦，就拿朗读会来说吧。我记得曾经在 20 世纪 80 年代末的时候举行过一场朗读会，当时根本没有人来。我还记得大约在 1991 年十二月的时候，在哈佛某个书店也举行过一场朗读会，《哈泼斯杂志》邀请了一些人阅读他们在杂志里写的文章。我那篇记录自己从小打网球故事的文章就是那个时期创作的。当时《哈泼斯》公关部的人到波士顿找到我，我参加了这场朗读会，然而……一个人影儿都见不到。那会儿好像有什么暴风雪，但是有一点可以肯定，那就是根本没有人来。于是，我和那个公关人员走出会场，找个地方吃了大概三块蛋糕，用了将近三个小时的时间互相道歉。

所以，当你习惯了这些事情之后，你知道吗，在纽约举行一场阅读会，然后场面火爆到有些人可能无法挤进现场，真是一种非常奇怪的感觉，我想这个时候你应该感觉自己是个大人物吧。不过这些都是暂时性的。文化风潮就像《指环王》中的"索伦之眼"那样让你无处可逃。你应该知道《指环王》吧，写得真是太棒了。

斯科卡　　我还想问你一件事，脚注与超文本之间的关系是什么？

华莱士　　曾经也有人问过我这个问题，我试图让他们以为这其中大有奥秘。不过真实的情况是，当我需要进行大批量的修订工作时我会使用电脑来打字，但我没有路由器，也从来没有上过网。我们学院有个家伙是教超文本的，不过我并不知道超文本是怎么一回事。

斯科卡　　那你写东西都是用打字机吗？

华莱士　　大部分时候是的。有时给杂志社写东西的时候我会用磁盘，因为你现在知道了，杂志社经常会找你要磁盘。他们对此有一个非常高级的术语，他们会说，好吧，请把磁盘交给我们"打磨"。我到现在也不完全明白这个"打磨"到底是什么意思。我想大概是改改格式什么的吧。这真是索要磁盘的绝佳借口。不过从根本上来说，我会打字，也会把文件存到磁盘上，不过电脑方面我会的也就这么多了。我感觉自己真像个老古董。

祝你好运。我敢说你肯定已经超过访谈的长度限制了。

斯科卡　　是的。好吧，那我们将拿走整卷录音带，然后，你知道，把它剪辑成——

华莱士　　快去打磨录音带吧。

斯科卡　　是的，我们会精心打磨录音带。

华莱士　　太棒了。

几乎所有人都和我一样私下里感到恐惧和不足，
而这种孤独感和无力感恰恰是我们之间的特殊纽带。

A BRIEF INTERVIEW
WITH A FIVE-DRAFT MAN

与一个"五稿"
作家的简短访谈

采访者
斯黛茜·施迈德

《**艾姆赫斯特**》(*Amherst Magazine*)
1999 年春季刊

1 这次通过邮件进行的采访对《艾姆赫斯特》杂志来说是一次不同寻常的尝试。在你看来，通过这种方式把你和你的作品呈现给读者有什么好处吗？

我是一个习惯写"五稿"的人。这其实是我在艾姆赫斯特上学期间，在威廉·肯尼克的哲学课上，受他们残酷的"每两周写一篇文章"计划的启发。我逐渐形成一个体系——一份初稿、两份修订稿、两份打印稿。后来我就一直沿用这个程序，感觉很好。我在接受大部分访谈时遇到的主要问题是，他们的脚本肯定都是一稿完成，不加修订。一个访谈问题哪怕只有一丁点趣味性，肯定都没办法非常简要地进行回答。我总是希望他们能让我钻到隔壁房间，把我的五稿写完再出来。如此一来，除非你的截稿日期真的很短，我都能写出五份手稿。其实这样做对大家都有益，因为我写的次数越多，（通常情况下）文字就会越简洁。

2 你曾经是一个很有天赋的网球选手，也是伊利诺伊州乌尔班纳高中的优秀学生，为什么会来艾姆赫斯特学院呢？

我少年时期曾经打过网球，但根本谈不上有什么天赋。大学一年级时我受了伤（那是1981年9月），不过也许我本来就进不了艾姆赫斯特的校队，因为我知道至少有两个新生的水平显然比我高多了。人们对我的评价有些名不副实。

我在高中时也算不上优秀学生，与班里尖子生的差距简直太大了。我那时候更多的是一名运动员而不是优等生，但是对于一名优秀的运动员来说我又显得有点太书生气了。

我父亲是艾姆赫斯特的毕业生，他现在在一所综合性公立大学教书。他在我申请大学时给出的总体建议是，小型的文理学院对本科生来说是更好的选择。于是我参观了不少这种小型的院校，其中就有艾姆赫斯特学院。我当时不知道的是，如果你是艾姆赫斯特校友的子女，招生人员会在面试当场告诉你他们是否会接收你入学。（编者按：不过现在早就不是这样了。）这对我来说真是巨大的恩惠，我得以逃避高中同学们必须经历的忐忑、紧张与绝望的痛苦过程。反正，正因为有了这个特殊待遇，再加上我的懒惰，令我根本没有费心思去申请别的学校，于是便来到了艾姆赫斯特。

3   在艾姆赫斯特认识你的人对你是什么印象？

4   你对艾姆赫斯特是什么印象？有哪些经历——课上课下——给你造成了这些印象？

5   同样，你认为艾姆赫斯特教育的哪些方面令你受益最多？现在回想起来，你觉得艾姆赫斯特有哪些令你失望的方面？

我不认为在艾姆赫斯特会有太多人记得我。首先，我经常整个学期休学待在家里，所以刚上学时我是1984级，毕业时就变成1985级的学生了。另外，我在艾姆赫斯特的时候其实非常腼腆。我没有加入兄弟会，也很少参加聚会，跟丰富多彩的大学生活基本没什么关系。我有几个非常要好的朋友，仅此而已。全部的时间我都在学习，我一点没夸张，全部的时间。我就是那种周五晚上一直待到图书馆熄灯我才离开，然后周日吃过早饭就去图书馆门前的台阶上等着开门的书呆子。

我之所以如此疯狂学习的原因有快乐的，也有痛苦的：艾姆赫斯特对学生的高度期待和严格要求、这里杰出的教授以及要命的任务量，促使我沉醉于日复一日的阅读、写作和思考之中。从很多方面来说，我在这里获得重生。但同时我又经常感到恐惧，艾姆赫斯特令我望而生畏——它的美丽、传统、精英主义，还有花销。但是，我的身上没有吸取到艾姆赫斯特的精华。我是一个比较晚熟的人，进入大学校门的时候仍旧沉浸在青春期的懵懂状态之中。我拥有青少年极端的专注精神，而我特有的专注精神就体现在对恐惧和不足的执迷不悟。这就是我在艾姆赫斯特痛苦的部分。对学习的痴迷令我获得重生，但同时也令我死亡：学习成为我远离人群、逃离艾姆赫斯特——无论是通过"成功"还是其他什么方式——的理由，我当时太以自我为中心了，以至于当集体已经接纳我时我还意识不到。

所以，回答你的问题"现在回想起来，艾姆赫斯特令我失望的事情",不是艾姆赫斯特本身,而是当我身处学校时我自己的样子。我几乎成功地使所有人不认识我,我失去了与大多数同龄人交流和学习的机会。我从艾姆赫斯特毕业若干年之后才意识到,人其实远比书本更加复杂和有趣。几乎所有人都和我一样私下里感到恐惧和不足,而这种孤独感和无力感恰恰是我们之间的特殊纽带。我真希望自己青年时期能够聪明地理解这些。

6 你在艾姆赫斯特完成了两篇荣誉论文。你当时到底是怎么想的?

我在艾姆赫斯特最好的朋友,1984级的马克·科斯特洛在我之前的一年也完成了两篇荣誉论文,其中一篇关于文学创作,所以这种事情是有先例的。另外,我当时很难决定研究生阶段到底是读哲学还是写作,所以我想在两方面都做一些研究再看我更喜欢哪个,这似乎是个不错的主意。(我从来没想过大学毕业后不再继续读研究生,你看我当时简直是个书呆子。)另外,四年级那年我的空闲时间比较多,而且我的好朋友大部分都已经在春季毕业了。不管怎么说,其实多做一篇论文和修两门很难的课程相比,不需要额外花费我太多的精力,每个学期学校都会停一门课专门让大家写论文。秘诀就在于提早着手,九月份就开始动笔而不是等到次年二月。我的不少朋友在第一学期只顾着到处闲混,等到写论文时简直痛不欲生。我动笔比较早,也就没有那么难。

7 艾姆赫斯特是一所高度重视书面文字的学术机构。你的写作一直以发出独特的声音而与众不同。那么你的写作风格在多大程度上受到艾姆赫斯特的课程、教授以及同学们的影响？（而且，在艾姆赫斯特之外，你还受到过什么影响是你觉得对风格形成有帮助的？）

赞美总是令人愉悦，但我并不认为我的作品发出了任何特别与众不同或具有原创性的"声音"。我最喜欢的大部分现当代作品都既精致又通俗，也就是说，它们既高高在上，同时又给人一种亲切的感觉，有点像一个非常智慧的人坐在那里向你娓娓道来，我想我所做的也不过是试图达到这种高与低的完美结合。我一篇接一篇地写论文——在艾姆赫斯特第一年写的论文比我高中三年写的加起来还多——然后有大师的智慧对我所写的东西进行反馈。我还记得每当我试图胡言乱语或者自作聪明的时候，威廉·肯尼克教授、约翰·卡梅伦教授、艾伦·帕克教授，还有戴尔·彼得森教授都会在我手稿的边缘位置留下一些奇妙、无情、刻薄的评语……所有这些都对我大有帮助。

8 你能谈谈你的写作过程吗？你是何时、何地以及如何写作的？你会重写吗？

好吧，我曾经说过，我是一个会写"五稿"的人……最初的两稿是用纸和笔来写，我知道这样听上去很老土，但除此之外我想不到我的写作习惯还有任何独特之处。我时而懒惰无力，时而精力充沛，在这两种状态之间来回摇摆。

但据我对其他作家的了解,这种波动情绪并不是我特有的。就写作而言,我唯一真正与众不同的地方在于,我是用两根指头在打字机上打字,而且打得又快又准,在我周围还没有人能超过我(这是我在大西洋城磨练出的另一种技能)。

9 《艾姆赫斯特》杂志希望介绍一系列在艾姆赫斯特之外产生影响的著名校友作家。你怎样看待自己作品的影响力?(这其实是两个问题:你在创作过程中希望你的作品今后产生什么样的影响?以及你认为作品完成后的实际影响力怎么样?)你怎样衡量作品取得的巨大成功呢?

斯黛茜小姐,你真狡猾,你的问题其实不止包含了两个小问题吧。可惜的是,我发现对我来说最有利的做法是不去想这些问题。"影响力"是一个复杂的问题,它其实更多地涉及阐释和流行(其实这三者之间关系密切)。还有就是纯粹的运气:你必须首先找到一位经纪人,然后是一位编辑,以及编辑所在的出版公司,他们不仅要喜欢你的东西,更重要的是认为你的东西是"可行的",这在1999年的美国就意味着能够卖出足够的价钱以获得大约7%的净利润,在这之后你才可能有机会去考虑"影响力"的这些问题。我知道太多优秀的严肃作家,他们的作品迟迟无法得到出版,于是只能把整个过程看成买彩票,就此听天由命了。接下去,即使你的作品真的出版,并且在幸运和公司运作的双重作用下终于有了读者,你将会发现人们对你作品的反应与你在创作过程中的设计是多么地天差地别,同时,你会发现他们对作家的感受和评价与你自己的亲身体验是多么地不同。

处理这类衍生的问题,我有一套行之有效的方法,那就是尽可能地把整个写作控制在非常简单的水平,大约就是五年级的普通美国人能理解的词汇水平吧。我希望创作出好的作品,我也希望作品得到大家的喜爱,这是我唯一在乎的事情。我无法使我的作品对任何人产生"影响"。这并不是说我不希望作品有影响力,只是我没办法保证,甚至推动影响力的发生。我唯一能做的就是尽最大努力创作出最好的作品(这个愿望既朴素又宏大),并且承诺绝不发表任何自认为不够好或尚未完成的作品。我过去对于"影响力"的看法远比现在复杂,但结果总是让我气得想撞墙。

10 你的虚构和非虚构作品都获得了广泛关注。你认为这两种体裁分别有什么优点和缺点?

我一直把自己看作小说家。我写非虚构作品是因为在20世纪90年代初期,《哈泼斯杂志》有一位叫科林·哈里森的赞助商,他为我设计了一系列有趣的小型体验性写作计划,其实主要是为了让我维持生计(我在90年代初真的非常、非常穷,不过这主要是我自己的原因),他还帮我做编辑和出版等工作。后来这批非虚构作品获得了不错的反应。有趣的是,美国杂志行业的运转完全遵从羊群效应,就是说如果《哈泼斯》推出的一两样东西反响不错,其他各种杂志的编辑便会蜂拥而至，开始给你打电话，邀请你写同样的散文性、体验性的非虚构作品。即使你每次只从一百个这样的约稿中选择一个（这一大批编辑都认为你"火"了，他们肯定在互相通信，于是约稿就像洪水一样朝你涌来），很快你写的文章就够出一本书了。尤其是当你考虑到杂志社总是会（1）慷慨地多付给你报酬；（2）在出版前随意地把你的作品大卸八块，并且完全忽略你微弱的抗议——原来杂志社付给你的慷慨佣金同时赋予了他们随意肢解你作品的权力，对此，整个行业（除你之外）似乎都心知肚明。

11 你的很多作品都在讲我们贪婪地希望通过对娱乐的被动式享受获得一种即时的满足感。你一边批判性地审视娱乐媒体，一边却用写作这种本质上也具有娱乐性的方式试图提供解决方案，你觉得这样做的挑战何在？你为何选择这种渠道来传递信息呢？
出于篇幅的限制这里无法对此问题进行解答（参见问题14）。

12 你平常看不看外界对自己作品的评论文章？
我很想看。就像我们很想偷听别人如何谈论自己却什么都听不到一样。但每当你试图这样做，结果几乎总是会受到伤害。文学评论也是这个道理。我花了一段时间才弄明白，对我作品的评论文章其实并不是写给我，而且写给潜在的购书者看的。我身边有一个舒适、亲密的朋友和同行圈，我把文章给他们看往往会获得真实的批判性评价，帮我进一步完善作品。不过，当我的作品发表之后，我听到的任何评价对我而言都像是在听墙角一样。

13 有哪些作家曾经令你感动？

这个问题中的动词"感动"非常微妙。我认为辛西娅·奥兹克、科马克·麦卡锡，还有唐·德里罗算得上我们国家仍然在世的最优秀的小说家（乔安娜·斯科特、理查德·鲍尔斯、丹尼斯·约翰逊和史蒂夫·埃里克森应该算更年轻的一代）。但你问的好像不是这个，我不确定是否想回应你这个问题。"感动"是个非常微妙的词语，《廊桥遗梦》这本书刚面世的时候，我听到了各式各样的诋毁言语，并且也曾经加入指责的大军。后来我在飞机上看到它的电影版本，看到最后不禁掩面大哭，如今想来真是羞愧难当。《生活多美好》中的这个场景令我十分感动：吉米·史都华一边朝唐娜·里德大吼说他不想结婚，枯燥的生活令他透不过气，一边拥抱她、亲吻她、哭着叫喊她的名字"玛拉、玛拉"！《指环王》的最后一幕中，当弗罗多说出"我受了重伤,山姆"这句话时，我感动极了。这样的场景还有很多。还有一些经典的文学作品也令我感动，比如大卫·马克森的《维特根斯坦的情妇》以及鲍尔斯的《游魂在行动》。但这是一种更加复杂的感动形式，因为其中牵扯到思考、审美、鉴赏等一系列动作。思考会引发一种更加丰富和复杂的"感动"，但这不同于我们一般理解的内心翻江倒海的"感动"情绪。事实上，没有什么比我第一次读《绒布小兔子》这本书更能给我带来纯粹的"感动"了。

14 有没有哪个问题是你一直希望能在访谈中问到的?

真的没有。访谈的问题在于(哪怕是当你非常体贴地让我用文字写出答案而不仅仅是说出来),在种种形式(杂志版面、广播时长、公共礼仪)的限制下,没有一个真正有意思的问题能够得到满意的回答。最起码我个人是这种感受。我总是觉得很奇怪,人们似乎特别喜欢直接问小说作家一些类似于采访的那种问题,其实如果小说家真的认为有趣的东西可以直截了当地进行讨论,那他们也许就不会成为小说家了。

15 你离开艾姆赫斯特之后的志向是什么?如今你又有哪些愿望呢?

这就是我在问题 14 中提到的典型的直白问题。这种问题仿佛需要甲烷气体的快速迸发和燃烧。事实上,在我开始试着回答你这个问题之前,我们前前后后至少需要四页纸来弄清你所说的"志向"到底指什么……而这个过程绝对不会简单,甚至对任何人来说都不会太有意思。我至少 99% 肯定,斯黛茜女士,如果有人在公共论坛上问你这样的问题,你也会有相同的感受。那么我们为什么要彼此折磨呢?

对于那些我不赞同的人和事,
我要加倍努力地培养耐心、礼貌和想象力。
还有,我要更多地使用牙线。

"TO TRY EXTRA HARD TO EXERCISE PATIENCE, POLITENESS, AND IMAGINATION"

"加倍努力培养耐心、礼貌和想象力"

采访者
戴夫·艾格斯

《信徒》(*The Believer*)
2003 年 11 月

大卫·福斯特·华莱士来自伊利诺伊州中东部，他的魅力多半来自此。除此之外，他还创作了一系列作品，其中著名的有短篇小说集《头发奇特的女孩》和《对丑陋人物的简访》，小说《系统的笤帚》和《无尽的玩笑》，还有一部作品集《所谓好玩的事，我再也不做了》，其中收录了华莱士的一系列非虚构散文作品。毫不夸张地说，华莱士已经证明自己有能力处理他选择的任何主题或题材；他的多才多艺以及对细节的关注——物质世界以及感觉与意识之间的细微差别——使他成为美国过去二十年中最具影响力的作家之一。华莱士在伊利诺伊州的布卢明顿居住多年，并任教于伊利诺伊州立大学——不同于伊利诺伊大学，两者经常是竞争对手。2001年，华莱士接受了加利福尼亚州南部波莫纳学院罗伊·爱德华·迪士尼英语教授的职位。2003年10月，华莱士的《跳跃的无穷：无穷大简史》正式发行。以下是《信徒》杂志与华莱士之间一些邮件往来的摘录，不过也不完全是这样。我们把问题通过电子邮件发送给华莱士，他将问题整理好带回家，用家里的电脑进行回答——他的电脑没有联网——接着打印出这些答案，然后用邮件寄回给我们。你会发现，这个访谈本来会——也应该会——更长一些。但是华莱士和他的采访者在这篇稿子交付印刷之前总是在出差，所以我们已经尽力了。我想这篇文章大约有六千字左右，这个长度刚刚好。

——戴夫·艾格斯

《信徒》　　我想在采访开始的时候首先问一下，是什么原因促使你创作这部《跳跃的无穷》。是你自己的主意吗，还是受诺顿出版社"伟大的发现"系列的委托来讨论这一主题？请你先回答这个问题。你之前在电话里提到过，你在《跳跃的无穷》之前"还写过两本书"，也就是说在你书桌的抽屉里放着两本已经完成的大卫·华莱士作品，你能谈一谈吗？

华莱士　　我尽量说得简短点。"伟大的发现"系列和"企鹅人生"系列丛书其实出自同一家出版社。他们当时正在构思一个新的系列，就是找一些非专业人员来写数学和科学中有重大影响的问题。于是他们在得克萨斯找到了我（这个经过说来话长），我想我是在2000年夏天答应参与这个项目的。我在上学的时候有一定的哲学和数学基础，后来作为一种断断续续的爱好，在这个领域进行了一些（不系统的）阅读，所以写一些关于数学的非虚构作品的想法对我来说不无吸引力。（2000年夏天我的其他工作开展得相当不尽人意，所以我非常愿意做点别的事情来换换心情，这里我就不细说了。）我在伊利诺伊州立大学有一间办公室，跟一个教授科技写作的家伙正好在同一层，我阅读了一些他的课程材料，也旁听过他的学生讨论会，慢慢地对科技写作以及科技信息的修辞艺术产生了兴趣。我想出版社设计这个系列的最初想法是让我写哥德尔和他的不完备定理，但后来我不知不觉转到了康托的集合理论，因为我曾经在学校上过一次集合理论的课程，而且说实话，我以为差不多用四五个月的时间就能把这件事搞定。然而，事实证明——由于一系列在这里没法展开说明的原因——如果想把整件事情用比较有趣或者前所未有的方式呈现出来，那么唯一的方法是不仅要尝试解释康托的集合理论到底是什么以及它是怎样运作的，而且要确切地说明它的理论来源，于是对其理论本源的追溯最终将无可避免地落脚到芝诺和亚里士多德等人，由此可以比较全面地介绍西方数学界从古希腊时期到19世纪一直在尝试却无法解决的"无穷大"问题。老实告诉你，做完这一系列工作的时间最后远远超过五个月。

《信徒》　在我们进一步讨论无穷大问题之前，请允许我首先简单介绍一下你的这本书与其他作品之间的关系。到目前为止，你的书仿佛都带有独特的印迹，能让人明确无误地认出是出自你的手笔；但另一方面，你对同一个结构领域从来没有踏入过第二次。你写过两部小说,但它们在很多方面并不相似,至少就整体架构而言完全不同。同样地,《头发奇特的女孩》和《对丑陋人物的简访》都是短篇小说集,但两者截然不同,可以说在结构上几乎没有任何相似之处。你还写过杂志文章、散文,以及现在的这本关于无穷大理论的新书,但很少能看到你采用以前曾经使用过的创作形式。比如,我发现你自从约翰·麦凯恩(《滚石》杂志)的那篇文章之后,就再没写过任何政治类的杂志文章了。所以,我是不是可以这样问:一旦你尝试过某种形式,例如短篇小说,你是否会觉得已经穷尽了这一形式所有的可能性,因此必须转向下一领域呢?或者你想尽最大可能去尝试所有不同的形式,到最后万不得已时再重复利用?

华莱士　我在这里想举个例子来说明,可能比我单纯回答问题更清楚,也更有趣。我知道我那样做的原因与"感觉某种形式被穷尽"没有任何关系。实际上,我并不是特别理解"形式"这个整体概念,也不了解不同形式和题材的区别以及分类方式。其实我真的不太关心这些问题。我最基本的动机是,我习惯于同时开始并且同时进行很多不同的事情,于是在某个特定的时间,它们(对我来说)要么生机勃勃,要么死气沉沉。其实,它们之中有一大半都处于半死不活的状态，而我对这种事情又缺乏毅力和决心，不会对它们花费太长的时间，于是它们就遭到遗弃，要么被我束之高阁，要么被肢解成若干部分留作他用。整个过程其实是相当混乱无序的，至少给我的感觉是这样。就写作方式而言，在其他人眼中我的作品仿佛是一种达尔文式斗争的产物，其中只有那些绝对鲜活的东西才值得我去完成、修订、编辑、校对、排版等等。（我知道你很清楚这个流程，也知道为了出版一遍又一遍地修改自己那堆烂摊子是多么让人精疲力竭。）所以，对我来说，如果真想让一本书充满活力，那么它必须与众不同，它必须不同于我之前写过的所有东西……或者，反过来说，我的回答真像是在胡言乱语：我的这本新书在结构上其实跟《头发奇特的女孩》以及其他大部分短篇故事集并无本质区别。

《信徒》　你刚才又提到了这本故事集《头发奇特的女孩》，但我们还没有讨论过。你想谈谈这本书吗？我还没有看过，由你决定。

华莱士　那么我们就来谈谈这本书吧。这是一本短篇故事集，其中最短的故事只有一页半，而最长的差不多有一百页。这本书原本应该在去年1月1日截稿，但我整整晚了六个月才完成。它现在正在遭受编辑的无情折磨，希望明年春天能够出版。

《信徒》　　约翰·麦凯恩在2000年参加竞选的时候，你曾经对他进行过采访，那篇文章那么清新、真实、直白，发表之后大受追捧。你对政治感兴趣吗，如果是的话，你有再写一些政论文章的打算吗？为什么现在越来越少的年轻小说家会直接对政治问题发表意见，你对此有何看法？你认为小说家是否应该讨论国家事务、政治、我们当下以及未来的战争等问题呢？

华莱士　　现在写政治类的东西那么难的原因也许恰恰说明我们应该有更多的年轻小说家（我还能被算在这一类里吗？）来做这件事。直到2003年，政治写作的生态已经完全被破坏了。现在大约有95%的政治评论——无论是口头的还是书面的——已经被其所评论的政治话题本身而污染了。也就是说它们全都变成意识形态的东西：作家或发言者具有某种政治信仰或政治立场，并根据这些信念和忠诚来过滤现实并转换主张。每个人都很生气、很愤怒，拒绝接受任何其他方面的观点。反对的观点不仅是不正确的，而且常常是卑劣、腐败和邪恶的。保守派在这方面更加明目张胆：林博、汉尼提、那位可怕的奥赖利、库尔特、克里斯托，等等。但是左翼也受到了影响。你读过艾尔·弗兰肯的那本新书吗？其中有些内容挺滑稽的，但大部分完全是恶毒的攻击。（你想，对于弗兰肯的猛烈抨击，那些右派人士看过之后除了更加愤怒并且恶言回击之外,还能有什么其他反应呢?)或者,你还可以看看拉帕姆在《哈泼斯杂志》的最新专栏,或者他在《民族》周刊甚至是《滚石》杂志上发表的大部分内容,它们都有点霍华德·津恩和乔姆斯基的味道,但是又不像老一辈作家那样会用大量扎实的数据来支撑自己的观点。如今再也没有在社区范围内展开的那种复杂、混乱的论战(或者"对话"),政治话语现在都有一套公式化的程序,就是对自己阵营的洗脑,同时对敌对阵营的妖魔化。一切都是无情的非黑即白。真相变得比任何一种意识形态都更加灰暗和复杂,所以整件事情在我看来不仅愚蠢而且令人震惊。你看奥赖利和弗兰肯的论战,简直就像在观看一场血腥的战斗。所以这一切如何帮助我——一个普通的公民——思考一系列有关国家命运的重大问题:比如究竟选择谁来决定国家的宏观经济政策,以及这种政策大概应该是什么样子;如何把我们卷入可怕的国外战争的可能性降到最低;如何在国内安全与公民自由之间保持平衡,等等。诸如此类的问题全都非常复杂,而且它们的并发症大都令人困扰。现在超过90%的政治评论只是不负责任地怂恿公众继续抱有简单的幻想,即认为一方是正确和正义的,而另一方是错误和危险的。这一幻想当然令人喜悦,在某种程度上有点像"希望与你发生矛盾的人都是混蛋"那样,但同时也是幼稚的,这种让步和妥协完全避免了深度思考的过程,从而也失去了一个成年人在社区应该发挥的作用。

我自己相信——也许只是不切实际的幻想——既然小说家或文学类作家应该对同理心特别感兴趣,总是试图想象作为另一个人的感受,那么他们也许可以在目前问题重重的政治对话中发挥一些有益的作用。如果做不到这一点的话,我们至少可以帮助一些专业的政治新闻记者提升能力,前提条件是他们必须(1)有礼貌;(2)愿意接受有头脑和善意的人发表不同意见;(3)认同有些问题完全超出了单一意识形态的认知能力,因而无法得到正确解决。

然而,在这个简短而尖锐的答案中暗示着一些观点,比如至少有一些政论写作应该是柏拉图般公正无私的,应该超越竞争关系之上,等等。就我目前的情况而言,这种状态是无法达到的(所以我在意识形态上的对手会指责我是一个伪君子)。在写那篇关于麦凯恩的文章时,我看到了一些有关我们现任总统的东西(更准确地说,我以为我看到了一些东西),他的核心集团以及他们开展的主要竞选活动,都促使我的内心产生了某些反应,使我在写作时无法做到公正无私,并且超越所有利害关系。我现在抱有一种党派偏见,更糟糕的是,我心中产生了一种非常深刻的反感之情,导致我似乎无法以任何公平或微妙的方式来思考、谈论或者书写我们的现任政府。单就写作来说，我认为这种内心状态是很危险的。当一个人感受最为强烈，并且最关乎个人利益的时候，他才最希望"大声说话"（或者可以选用"畅所欲言"这个词组，它在修辞上的内涵更加丰富）。但这种做法常常收效甚微，至少对我来说是如此：有很多作家和记者对于寡头政治、新法西斯主义，以及在定义"国家安全"和"国家利益"中令人震惊的虚伪及短视等问题"畅所欲言"并撰写文章，但在我看来，这些作家之中很少能产生有用或者有力的作品，甚至没有对那些尚未赞同作者观点的人来说产生任何说服力。

我个人对未来十四个月的计划是主动上门进行宣传，甚至可以穿上带有徽章的制服。我可以试着与他人一起绘制人口统计上的分布图。对于那些我不赞同的人和事，我要加倍努力地培养耐心、礼貌和想象力。还有，我要更多地使用牙线。

《信徒》　也许这很好地引入了对你工作流程的讨论，我想我已经开始着迷了。如果你想谈谈你写作的方式、频率和地点，我相信读者会非常感兴趣的。

华莱士　也许你可以先简单说说你自己的工作流程。为什么呢？原因是（1）读者对你的工作流程同样很感兴趣；（2）无论是在写作还是管理方面，你都有那么多经验可以分享；(3)这样我也可以更好地理解你所说的"工作流程"是什么意思。

《信徒》 我现在在旧金山城外的一个小型图书馆里写作，我在他们的小说阅览区深处找到一个小隔间。每隔四个月左右，当我无论采取什么样的策略都无法集中注意力时，我一般会改变一下工作状态和流程。上个星期我刚开始了一种新的工作流程，目前来说还是颇见成效的。我之前在哥哥家的卧室里写作，这一状态持续了六个月之久，现在我新换了一个地方。我在"瓦伦西亚826号写作中心"搞了一张小书桌，但我不能在那里进行任何实际的写作工作，因为桌子位于办公室中间，只是用来教学、与员工和志愿者交谈，以及会客等。由于我在826号写作中心事务繁忙，因此很难挤出不受打扰的整块时间来完成高质量的工作——我相信这对于任何一个教职人员来说都是如此。我昨晚上课（教高中生）一直上到晚上九点半，今天上午十点也有课（教五年级学生）。我不得不把今天的外出活动交由另一位老师负责，因为我今天晚上还有课，而且这周有四篇稿子要交，我实在是忙不过来了。不过，我没有什么能力。我敢肯定，有大把作家上的课比我多太多了。但是我觉得像很多作家一样，我需要把自己隔离到不使用手机、电子邮件、割草机甚至自行车的程度，即使万不得已使用一下，也必须让自己远离干扰。

总之，我记得你曾经在接电话时，第一句话真的不是说"你好"，而是说"你干扰了我"，这在我看来是最真实的感受——因为当你拿起电话时，你会被迫离开写作时精力集中的沉浸状态。你也说过目前在同时处理多项事务，你能谈一谈如何挤出时间——无论是晚上还是白天、每天还是抽空——进行写作吗？你是在台式电脑、手提电脑还是打字机上写作？你多久教一次课呢？或者诸如此类的问题。

华莱士   我仍然不确定该如何回答你这个问题。我从来不在任何被称为"办公室"的地方写作，例如，我在学校的办公室只用于会见学生以及储藏那些我近期不会阅读的书籍。我以前主要在餐厅里写作，不难想象的是，在那里嚼烟草变得不切实际。后来有一段时间，我主要在图书馆里写作。（我说"写作"的意思是用纸和笔写出最初的几份草稿，并对它们进行修订。我总是在家里使用打字机，但我不认为打字是在写作。）总而言之，后来我开始养狗。如果你独自生活并有养狗，事情就会变得很奇怪。我知道我不是唯一一个在宠物或动物伴侣身上投射某种扭曲的父母之情的人，但我的症状好像尤其严重，甚至成了朋友的笑柄。首先，我开始有一种强烈的感觉,那就是如果把它们单独留下超过几个小时,会对它们造成很大的创伤。这并不像看起来那么神经质,因为我所养的大部分狗在幼年时期都曾受过一些创伤,比如我有一只狗曾经的主人进了监狱……反正不是这样就是那样。所以我的意思是,我不愿意离开它们太久,这样过了一段时间后,我开始变得离不开它们,事实上,我需要与一只或更多只狗待在一起才感到舒适,也才会有想要写作的感觉。所有这些使我在家以外的地方写作成为泡影,现在回想起来,这种变化对我来说也许不是什么好事,因为(1)我本来就有陌生环境恐惧症;(2)家里显然充满了各种各样的干扰因素,而图书馆的阅览室里是没有的。重点在于我现在主要在家工作,虽然我知道如果去其他地方,我会更好、更快而且更集中精力地工作。如果工作进展得不顺利,我会尽量确保至少早上的几个小时严格地进行所谓的"工作"。如果进展得顺利,那么我经常下午也会工作一段时间。当然,如果进展得顺利,那么我就不会强迫性地感觉到必须工作,因为这反正也是我喜欢做的事情。我经常遇到的情况是,当工作进展顺利的时候,我所有的流程和规矩都被抛到九霄云外,仅仅是因为我不再需要它们。而当工作进展得不顺利时,我便慌慌张张地试图重新建立一种能够强制执行的规矩以及能够坚持下去的习惯。这也就是我为什么说我的工作流程看起来比较混乱，至少和我所知的其他作家（其中就包括你）的写作程序相比而言。

《信徒》 我没有你说的这么好，应该说我和你其实是一样的。当你感觉没有那么多创作灵感时，就需要用规矩来督促自己，而对我来说，当我试图做剩下的八分之七的事情时——这往往是最艰难的——我也需要建立某种流程。刚才你在回答中提到了烟草，我有个问题想问你。大约五年前，我第一次在纽约见到你时，你正在一家餐厅里惬意地嚼着烟草，当时你在餐桌下面放了一个用来储存烟草汁液的滴壶。你想谈一谈你和各种类型的烟草之间的历史吗？

华莱士 我首先需要声明一下，你的这个问题其实应该在上一个问题之前就提出来，你在提问中非常巧妙地用一个小过渡句实现了转换，干得不错。我知道你对烟草以及习惯性使用烟草中隐藏的自杀倾向很感兴趣。我自己的情况与汤姆·比塞尔差不多，汤姆去年曾在《图姆森特月刊》或者其他什么男性杂志上发表过一篇关于嚼烟草的文章，其中很多内容让我深有同感。我二十三岁开始吸烟，在那之前的两年曾经尝试过丁香香烟（在八十年代很流行）。我喜欢抽烟，非常喜欢，但我不喜欢的是它们在运动、爬楼梯、性交等方面对肺和呼吸的影响竟然那么大。

我记得在我大约二十八岁的时候,家乡的一些朋友开始让我嚼烟草,以此作为香烟的替代品。嚼烟草不会伤害到你的肺部(显而易见),但它同样含有大量、大量的尼古丁,至少与"特醇万宝路"相比是如此。(抱歉,我的讲述都非常简明扼要。)在过去的十年中,我非常严肃认真地尝试戒烟的次数大约有十次之多,但每次戒烟都没有超过一年。除了所有显而易见的精神上的副作用之外,戒烟对我来说最困难的事情是它使我变得愚蠢。真的非常愚蠢。比如说我会走进一个房间却忘记进来的原因,我会话说到一半却忘了接下来应该讲什么,除此之外还有下巴总感到阵阵发凉,或者突然发现我在流口水等等。停止嚼烟草之后,我的注意力持续时间变得像一个幼童那么短。我还会不合时宜地傻笑或哭泣。所有的一切仿佛都离我非常、非常地遥远。从本质上讲,这种感觉就像一直处于喝醉酒那种神智恍惚的状态,令人非常不适……而且据我所知,这还不是短期内能够克服的。我曾经戒烟长达十一个月,那段时间我每天都处于这种状态。另一方面,嚼烟草会致你死亡,或者至少让你的牙齿受损,变成令人不悦的颜色,并且最终脱落。除此之外,嚼烟草令你觉得恶心、愚蠢和自卑。所以,我决定再次尝试戒烟,到现在已经有三个多月了。此时此刻,我身上带着一包口香糖,一个薄荷糖和三根澳大利亚茶树做的牙签（我一个会巫术的朋友发誓它肯定管用）。此刻你和我用文字而不是实时语音的形式进行聊天的一个原因在于，仅仅是构思答案并按下相应的按键就花了我大约二十分钟时间。实际上，跟我说话就如同在访问疗养院一个精神错乱的人。显然，我不仅会在一句话的中间跑题，有时候还会开始胡乱地哼唱，而且我自己全然意识不到。另外——仅供参考——我的左眼皮自8月18日以来一直在不停地抽搐，这看起来很糟糕。当然我还是希望能活过五十岁。这就是我的烟草故事。

《信徒》 那我们来谈谈大脑吧，这又是一个巧妙的话题转换。（我会用这种过渡句把一些采访片段粘贴到一起，它们本来不是目前呈现出来的顺序。但我认为这种微妙的话题转换很有意思，因此很想跟《信徒》的读者们分享。）你在《跳跃的无穷》中提到过这样一个事实：数学家们在流行神话中总是扮演着一种有点性感的角色——比如家喻户晓的电影《美丽心灵》——这就促使他们取代了艺术家的特殊地位。传统概念中一直假定艺术家才是某种"疯狂的天才"综合征的患者，因为公众认为，艺术家的工作范围太不着边际，以至于正常的生活，甚至他们的理智最终都将消失不见。有一种假设认为，为了成就数学（或其他科学）上的伟大，人们可能需要牺牲自己的理智（我意识到这肯定个稻草人），你能首先对此做出评论吗？其次，你曾经引用G. K.切斯特顿的话说，"诗人不会生气，但棋手会……"，这句话回应了我在伊利诺伊大学（你父亲教书的地方）的进化论教授的一些观点。他当时喜欢谈论一种叫作"稳态包络"的东西，可以被简单地定义为（我个人的看法）一个人从欢乐到抑郁的正常经验的极限范围。他绘制了一个长方形，并在上面画出一条测谎图表上显示的那种曲线，这一理论认为，一个人的情绪体验会在这个范围之内上下浮动，不会有过多的快乐，也不会有过多的悲伤。不管怎样，这位教授还想表达的一个观点是，艺术家的情绪很大程度上控制在这个范围之中，因为他假定艺术家们会把情绪宣泄到他们的作品当中，而收银员的情绪反而会超出这一范围。（天呐，我怀疑这个说法到底有没有意义！）我想我会请你从以下几方面谈谈看法：这位教授的言论、切斯特顿的引文、对康托自身理智（或缺乏理智）的误解，以及你自己在写作过程中的心路历程。我告诉我的学生们，他们都应该在生命中的某个时刻去尝试写一部小说，因为在这一过程中，他们的思维将不可逆转地得到拓展。你刚完成了一部长达一千一百页的小说，现在又出版了这部《跳跃的无穷》，你能谈谈自己的大脑是如何逐步扩张以及自我发现，最终闯入暂时的"疯狂"状态吗?

华莱士　好的,嗯……我想我要做的就是把作品中提到的"疯狂之于天才"所发生的具体背景解释清楚。这一解释可能过于具体,似乎不能作为你问题的答案,而真正的答案又太过复杂和沉重,即使我有所准备也不太适合我们目前这种访谈的形式。(我怀疑我会在这种一般性的讨论中喋喋不休地吐出大量令人费解的专业术语,最后指出,我认为没有任何人能够理解尼采关于阿波罗与狄俄尼索斯相互作用的观点、疯狂之于天才,以及西方人对此的迷恋这三者之间的关系。)

我在《跳跃的无穷》开篇提到"疯狂之于天才"这件事的原因有两个。第一是将"抽象"的概念作为一种数学特征以及一种神经官能症的内核加以引入,这一介绍有助于接下来在第一章中解释什么是抽象,以及谈论数学为何如此重要的问题。我不记得这些内容在这本书所经历的多次混乱的编辑以及修订过程中是否被删除掉了,但是好像在第五章的某个地方,我非常简短却百分百真实地指出,数学的象征意义之所以令大多数人望而生畏,不仅是因为它们难以理解(其实真不难理解),更多是因为它们对海量信息的完全抽象的浓缩。差不多是这样吧……

另一个原因主要出自我自己的鉴赏力。在我刚开始创作《跳跃的无穷》的时候，恰好出版了一本书，是一位作家撰写的康托传记，我不会说出这位作家的姓名，只告诉你他名字的首字母与某个著名的商业航空公司的名称缩写相同，而这本书的出版商的名字听起来就像一个自闭症患者对房间的描述。这本不能说出标题的书主要从两方面探讨了康托关于"无穷大"的研究工作：一方面指出无穷大与神秘的犹太教和犹太哲学（卡巴拉）中的形而上学密切相关；另一方面认为无穷大是一个令人兴奋的数学概念，对它的探索最后直接导致了康托的疯癫，他的一系列疯癫症状（包括住院等）随后在书中得到了详细的文字及图片描述。关于卡巴拉的内容还算有点意思，但是对书中声称的各种关系的实际论证并没有太大的说服力。然而书中关于"无穷大将康托逼疯"的内容简直就是赤裸裸的污蔑和诽谤了，是对你刚才所说的"疯狂的天才"综合征的拙劣模仿。康托真正取得成就的根源、动机和背景在这本书中几乎没有得到任何严肃的处理，我想主要原因是"航空公司名称缩写"和"自闭症对房间的描述"的其中一者或两者皆认为数学对于主流观众来说太过沉闷和无趣了。书中保留的数学知识则被大幅度地渲染，使无穷大看上去仿佛是某种超然的禁区，而康托在试图探索其中奥秘的过程中丧失了理智。然而事实上可以肯定的是，康托本来就患有躁郁症，他在专业领域的心神不定以及艰苦探求加重了这一病情，但并不是导致病征的原因。他的大部分最糟糕的精神状态，包括后来的住院治疗，都发生在他的老年时期，而此时他最好的作品早已完成了。关于康托的一些"未经渲染"的真相记录在我这本《跳跃的无穷》中。对我来说，这本不能说出标题的书最令人厌恶的地方还在于，它的作者和出版商显然做出这样一种假设，即康托的理论本身并非那么美妙、易于理解或者足够重要（然而事实正好相反），因此无法围绕它们来创作一本令大众感兴趣的书。因此，关于无穷大的数学知识必须被重新塑造成某种智慧上的"失落方舟"，使康托为其走火入魔。我希望我这样表达足够机智。事实上，这本不能说出标题的书真的让我感到困惑：它设法同时侮辱康托和他的作品、该书读者，以及为普通观众诚实地书写专业性内容的可能性。无论如何，《跳跃的无穷》的确在某种程度上提到了一些关于"疯狂的天才"的故事，但我这样做主要是为了对之前那本不能说出标题的书进行直接以及强烈的反击。

《信徒》 根据《信徒》的一些爱好科学的读者们所说，现在新出现了一波广受大众喜爱的"通俗"数学书籍。你认为其中哪些是值得阅读的？你喜欢数学科幻小说《平面国》吗？你喜欢"神书"《哥德尔、埃舍尔、巴赫》吗？我记得你在上文中已经提到过你喜欢哈代的《一个数学家的辩白》……

华莱士 这当然要视情况而定，主要看你所说的"通俗"是什么意思。我们说哈代的《一个数学家的辩白》是通俗的，是因为任何一个拥有十二年级词汇量的人都能够读得懂，但它同时又不是通俗的，因为只有那些拥有足够数学背景，并且了解纯粹数学的心理学及美学的人才能真正关注这本书的主题意义。所以说，呃……《哥德尔、埃舍尔、巴赫》是一部伟大的书，但它的确很难：我个人认为这本书的作者道格拉斯·霍夫斯塔特也许没有教授过基本的数学概念，因此他在书中的描述和对话对于那些在大学中没有掌握太多基本逻辑以及递归理论的人来说有些难以接受。（其实我在 20 世纪 80 年代就曾非常兴奋地推荐过这本书，但读者普遍认为它读起来太过费力而且没有意思，事实证明，原因在于他们没有相应的背景知识。）其他的此类书籍基本也是这种情况。你们的科学爱好者估计需要一本本地分别询问我的看法。一般而言，这类书籍都卖得比较好。阿米尔·阿克塞尔的作品通常都很垃圾，实际上，纽约四面八方出版社出版的大部分通俗科学书籍都很烂，而他们最擅长的仿佛是推销他们的"垃圾"。但是，并非所有主流出版社的东西都很差劲。查尔斯·赛弗几年前的那本《神奇的数字零》就出乎意料地广受好评，不过它同时也极端地令人费解。总的来说，我认为整个"通俗数学"类型的文学作品都既混乱又令人困惑，因为没有人能完全肯定它们的读者究竟是谁，或者应该如何定位讨论的主题及内容。

《信徒》 接下来是一个涵盖广泛的大问题，来自我们的技术编辑兼助理编辑吉迪恩：你认为在整个数学（也可以进一步延伸到数学哲学、哲学数学或其他领域）历史中，无穷大的概念不仅在各种数学分类法方面被看作是难以捉摸、容易混淆以及令人困惑的，而且是个彻头彻尾的危险分子——希腊人知识系统中最接近无穷大的概念在本质上是酒神狄俄尼索斯式的混沌、无序和混乱状态。因此，无穷大概念挑战了希腊人一直以来严格维护的法律与秩序等逻辑思维；基督徒和经院哲学家害怕数学中的无穷大概念，认为它以某种方式蔑视一神的全能性及独特性。但另一方面，当我们终于在19世纪下半叶找出一种可行、有趣和大胆的方式来尝试理解并界定无穷大概念时，我们发现这个概念竟然如此的迷人，充满智慧，并且在数学上具有革命性，真是一个惊人的诗学成就。不过据我所知，它与这个相对狭窄的数学世界之外的空间并没有太大的相关性，也不会造成什么特别的危险，或者说，如果它与外界相关并且是危险的，那么你肯定不会在数学领域之外做任何探索。关于这个问题你有什么回应吗？康托和他的发现中是否存在与无穷大相关，并且在数学领域之外的任何有趣的成果呢？

华莱士　也许最快、最有效的回应方式是说，你这个问题很好地引出了通俗科技书籍在当今的文化中可能具有某种特殊用途的主要原因。最大的区别在于，如今的事物比过去（比如文艺复兴时期）划分得更加细致，也更加专业，结合了各种特殊背景。今天我们不可能看到一位世界一流、前沿领域的数学家同时也是世界一流、前沿领域的哲学家、神学家等等。不过对希腊人来说并非如此，因为对他们来说数学、哲学和神学之间并没有明确清晰的界限。这一情况同样适用于新柏拉图主义者和经院哲学家等群体。（当然，这是一个非常、非常简单的回答，甚至有点过分简单化了。）当康托在19世纪70年代开始着手研究无穷大理论时，它还是一种非常专业的技术学科的一部分，康托花了数十年时间才逐渐掌握并能够开展进一步的工作。对康托和德国伟大的数学家尤利乌斯·戴德金来说（现在我说的这些都只是书中内容的浓缩，与你提问的方式差不多），对无穷大的数学推导是为了解决后计算分析（即三角函数的展开、无理数的严格定义）中的某些棘手问题，而这些问题本身则来自德国数学家斯通-魏尔斯特拉斯对某些早期问题的解决方案。这些知识都太过抽象化和专业化，导致我在《跳跃的无穷》中花费大量篇幅来解释相关问题，希望普通读者能够至少知道集合理论、点集的拓扑理论等在数学上的来源是什么。我认为问题的关键其实还不在这里，这个问题我在本书的最后一稿中非常简略地提到过：在我们今天生活的世界里，从数学、物理学、天文学到公共政策、心理学以及古典音乐中大多数非常重要的成就都极其抽象、复杂，并且依赖于技术上的具体环境，所以对于普通公民来说，他们几乎不可能感受到这些发展成就与他们的实际生活有太大的关系。即使是两个密切相关的亚级学科领域的人员之间也很难沟通，因为他们各自的亚级学科都需要太多的特殊培训和专业知识。诸如此类。这是通俗技术写作可能具有价值（在常规图书市场的经济价值以外）的原因之一，即作为简明、清晰、大众化的技术交流的一部分。当今文化中可能面临一个非常严重的问题，就是为受过教育的人在严格的专业划分格局中寻找有意义的交流方式。这听起来可能让人有点糊涂，但我认为其中自有一些道理。我们所说的不仅仅是高分子化学家与符号学家交谈，而是希望掌握专业知识的人士获得一种与我们（这意味着普通的笨蛋）进行有意义的交谈的能力。下面是几个实际案例：如果你能找到一位聪明、称职的信息技术人员，而他同时可以解释自己在做什么，让你感觉自己终于知道电脑出了什么问题，甚至以后如果再次出现这种问题你都能自己解决。试想一下，这将令你多么雀跃吧。或者说，一位肿瘤科医生能够非常清楚以及人性化地与你和你的妻子沟通，告知她第二阶段肿瘤所有可能的治疗方法、不同治疗方法的实际程序，以及每种治疗方法的优点和缺点到底是什么。如果我是你，当我找到这种技术人员时，我将对他顶礼膜拜。当然，截至目前这种人都很少见。他们拥有的是一种特殊的天才，这并不是他们所学的特定专业领域的一部分。我们甚至找不到一个合适的词语来形容这种类型的天才，这其实非常重要。也许应该寻找一个适当的词，也许应该教授、讨论如何与专业领域之外的人进行沟通，并把这一技能视为真正掌握专业知识的必要条件要求之一……无论如何，我认为这应该回答了你的问题，它们其实非常有趣。

《信徒》 我刚发现我们还没有太多地谈到你的教学。我见过几个波莫纳大学的学生，他们主要因为你才选择这所学校。你在这里上的课程叫什么名称？你给学生开的阅读书目包括哪些内容？你是用粉笔还是记号笔上课？

华莱士 在回答这个问题之前我首先想说一点，刚才我谈到不同专业领域的人们应该互相交流，其实这也就意味着人们可以变成更好的老师，我不知道表达得是否清楚。不过，我认为教学的不同之处在于，学生都是自愿前来的，而且按照定义来讲，他们年轻、不稳定，并且各有所长。不管怎样，我知道这不是你想要的答案。我在波莫纳大学教授的课程有点像买彩票中奖：我的正式职责非常轻松，因为学生们的高考成绩都比我好，所以我多少可以做些自己想做的事。我现在正在教授"小说导读"，这门课程非常有趣，因为我有机会向那些在文学批评和写作方面经验丰富的孩子们展示一种完全不同的——在某种程度上甚至截然相反的——阅读及写作方式。这个问题就说来话长了，但总的来说它非常有趣，而且现在我在孩子们之间的威信已经大幅提升，我想只要我不做什么特别过分的事情，这门课我就能一直教下去。

我们有时候真的可以由衷地为某件事情而哭泣，
然而大部分时候我们必须生活在一个
由聪明、疲惫、成熟的人们组成的世界里，
并且非常希望得到这些人的重视。

"SOME KIND OF TERRIBLE BURDEN"
"某种可怕的负担"

采访者
史蒂夫·保尔森

"尽我们所知"广播节目 (*To the Best of Our Knowledge*)
2004 年 6 月 17 日

保尔森　　我正在和大卫·福斯特·华莱士对话，他的最新短篇故事集《遗忘》刚刚面世。在节目的开始我首先想谈谈这本书里的一个故事，《灵魂并非铁匠铺》。你会怎样形容这个故事？

华莱士　　我认为它的篇幅比我预计的要长，讲述了非常戏剧性的一天里发生的故事：那天一个在学校里有注意力问题的小孩没有上课，然而就在同一天他的老师疑似出现了精神崩溃的症状。

保尔森　　他的代课老师在黑板上一遍又一遍地写着"杀死他们"，然后当这些四年级的孩子们终于意识到他在做什么时——他基本上失去了理智——他们开始恐慌。

华莱士　　是的。

保尔森　　但是你的叙述者在回想那段时期的时候，他的思绪实际上在别的地方，因为他一直盯着窗外看着其他一些奇怪的东西。

华莱士　　是的，这有些奇怪，因为这个叙述者有一部分时间是个孩子，另一部分则是一个成年人。但他最关心的主要还是他的生活有多么无聊和没有意义，以及他如何错过了曾经发生在他身上的唯一一次戏剧性事件。这个故事读起来其实会更有意思，我的讲述不是很好。

保尔森　这实际上是一个引人入胜的故事，我觉得很有吸引力的主要原因是，故事在其他地方兜了一大圈，然后在接近尾声时才揭晓答案，原来它是想表达儿童对成人世界的恐惧，而对故事中这个男孩来说，他似乎害怕变成自己的父亲——一位保险精算师。不知道你是否可以为我们朗读故事中的一小段话，我想也许可以从第一百零三页左右开始。

华莱士　好的，我明白。所以我现在就开始读吗？

保尔森　是的。

（华莱士朗读了《灵魂并非铁匠铺》中的部分片段，从"就我而言"开始读到"在现实世界中做梦"结束。）

保尔森　读得太棒了，谢谢，真令人回味无穷。你知道吗，我必须要说当我第一次读到这段文字时，它似乎就像直接从卡夫卡的书里摘出来的那样，在讲述普通人生活中的某些噩梦。你认同这种看法吗？

华莱士　哦不，我并不这样认为。这是一个奇怪的故事，因为故事的开头真的非常超现实，然后其实就到了故事的高潮部分，而这个高潮却显得比较平实，讲述的是日常的现实生活，而并不是超现实的那些元素。所以对我来说，它其实有点像颠倒过来的卡夫卡吧。我知道，这是一篇非常奇怪、非常奇怪的作品。

保尔森　你小时候有过那样的恐惧吗？

华莱士　我想……我想我们小时候总是能非常轻易地获得很多东西，那时候我们最大的一个恐惧来源就是无聊，而且我认为在例如做家庭作业或者打扫教室卫生这样的小事中，往往会爆发出某种绝望以及精神上的无聊情绪。我还记得在上小学的时候，当老师说要带我们去看电影时的那种难以置信的解脱感。我想这不仅仅是一种快乐的表现——"哦，我们将会很开心"——而更多的是一种从某种可怕的负担中解脱出来的轻松感。所以，我不知道。也许吧。

保尔森　你在观察父母——尤其是你父亲——的工作时，会不会在心里想，"天呐，我不想变成他那样"？

华莱士　我不知道。我的父母都是老师，所以每当有大量的论文需要评分时，他们总是脸色苍白、心神不宁，但我想这其中很大的原因在于他们受到了朋友以及同事的影响。我只是对现实生活中的无聊情绪感兴趣，我认为这是一个非常严重的问题，然而却没有太多人在认真地对此进行讨论，因为我们都表现得好像那是我们必须克服的某种东西，当然他们的想法也没错。

保尔森 嗯。有趣的是，当我在阅读这篇故事时，我回想起自己的童年。我的父亲是一位教授，每天晚上吃过饭后，他都会关上房门继续搞他的研究——其实我不知道他关上门都做了什么。但我记得当我还很小的时候，我就在想，像他这样夜以继日地做同一件事情一定很没意思，所以我不想变成他那个样子。当然，我其实有点变成了他的样子，因为我每天晚上也有家庭作业要完成。我想知道这对你来说是否产生了某种共鸣呢？

华莱士 有一个我母亲经常讲的家庭小趣事，在我上二年级的时候，有一天老师让大家说说自己的父亲做什么工作，我说我的父亲没有任何工作，他只是待在家里在黄纸上写写画画。他也是教授。我知道这个故事中让我感兴趣的部分是我试图回忆小时候对父母工作的看法。因为当你还是个孩子的时候，你意识不到生活中的一切来之不易，对吗？你有自己的烦恼，自己的负担和琐事……不过，是的，我想我的感觉跟你类似。当他们走进这些安静的房间，然后不得不做一些他们不情愿的事情时，我似乎能感到某些可怕的事情就要发生了。当然了，我们现在已经长大了，遇到了很多非常、非常有趣的事，有时候也会被迫坐在安静的房间里做很多苦差事，并且在最后感到惊喜、有收获或者有成就感。

保尔森　　那就是作家的生活，不是吗？

华莱士　　是的，但它也可能是广播主持人的生活，或者在很多情况下，它可能是办公室职员的生活——我们往往认为他们的工作非常枯燥和乏味。也许所有的工作都是一样的，充满了可怕的厌倦与绝望，几乎没有什么成就能够对其他人诉说。这只是我的猜测。

保尔森　　你知道吗，我觉得我们的谈话以及刚才你朗读的片段中有趣的是你作为一个作家的公众形象——你通常被描述为三十岁或四十岁出头、具有后现代嬉皮士风格的讽刺一代作家的代表人物之一，但我记得你曾经在哪里说过，你其实认为自己是一个现实主义者。

华莱士　　嗯，其实……这些不同的类别对于评论家来说很重要，对吧？你必须把不同的东西编入某个组别，要不然你就必须不厌其烦地谈论成千上万种不同的细节。我不知道有多少作家一边想传达对事物的切身体会，一边却否认自己是现实主义者。这个故事就是一个好例子……我的意思是，很多被冠以"现实主义"的东西在我看来都有点装腔作势，因为现实主义显然是一种错觉，而且我总觉得那种认为微小、平庸的细节在某种程度上比庞大、奇怪的细节更加真实的想法似乎有点粗糙。不过这是一篇有趣的文章，当文章真正完成的时候，它确实变得极其微小和现实，充满了平庸的细节。事情的真相是，当你在接受访谈的时候，你必须说出各种各样的东西。然而事实上，我真的不知道我是什么样的，而且我认为很多作家都不知道他们自己是什么样的。你只是尝试去做一些让你感觉有活力的东西。

保尔森 我在想，特别是对于我们这一代人来说——咱俩的年龄应该差不多，都是四十出头——是否存在某种文化景观是你最不愿意去触碰的。

华莱士 我知道的是，在我读研究生的时候，那些喜欢写以前被称为流行文化、广告或电视主题的同学经常受到老一辈教授们的鄙视，他们认为这些东西平庸又乏味，缺乏那种柏拉图式的永恒感。我记得这在当时真的导致了不小的冲突，因为很多时候我们就是说不到点子上。我意思是说，这就是我们的世界和我们的生活，就如同浪漫者的世界总是充满树木、潺潺的小溪、山脉和蓝天。所以我想，如果说我们这代人——是的，我四十二岁——有什么独特之处，那就是我们从很小、很小的时候就已经被媒体和市场团团围住了。这就像一次大型实验，因为历史上没有哪一代人被如此严重地"媒体化"。我不知道这一现象会造成什么后果，但我知道的是，它影响着我去判断究竟什么是紧迫的和值得写的，以及在我写作过程中什么是让我感触最深的事物。

保尔森　但是那样做难道不会太复杂吗？因为写那些所谓的大众文化或流行文化题材的东西的风险在于，它们往往会显得肤浅。事实上，你在几年前曾经就此写过一篇文章，讨论自作聪明的风险因素。我想问的是，当这个世界在很多方面已经非常肤浅的情况下，你如何真实地加以记录呢？

华莱士　要想回答这个问题就必须说点陈词滥调了，不过也不都是肤浅的陈词滥调。对我来说，那些鲜活、紧迫的艺术形式应该致力于探讨"人之所以为人"的问题。在充满深刻与质疑的时代如何为人，以及在看似肤浅、商业化和物质化的时代如何为人，其实这两方面与我接下来要讲的核心工程都没有太大的关系。我所说的核心工程是：究竟何以为人？我们在书写这个世界的过程中会牵涉某些悖论，也会遇到一些危险，原因是大量的商业文化本身就建立在艺术形式之上，至少是某些流行艺术形式，它们会变得……如果被吸入这股洪流之中将会非常危险，因此，去尝试做一些看起来非常时髦、聪明，实际非常简单的事情吧，然后就当自己已经达到目的了。

我当然做过这种事情,而且是在后来才惊恐地意识到,我所做的实际上是在重复我从四五岁开始就一直耳濡目染的事情。不过这件事还有另外一面,我想后现代实验主义者和现实主义者(传统意义上的现实主义)之间的这种分裂——至少对于像我这样的人来说,我今年四十二岁,我已经成熟了,见过了太多事情——最后好像会变成一种陈词滥调。解决的办法看上去有些做作,一切都显得过于容易和老套,而最终的目的是向我推销什么东西。不过我在心中其实也做出了一些让步,而这样做的问题在于,有些现实主义的东西真的充满活力也是我们急需的,但它的模式和形态已经被彻底商业化了,因此我认为对于大多数我们这个年龄的人来说,我们需要寻找那种与众不同、商业化不那么强的形式来探讨鲜活、紧迫的现实主义问题。我不知道这样说是否有意义,但这些基本上是我的真实感受。

保尔森 我认为关于我们这个商业世界还有一点需要补充的是,无论是其中的电影、广告还是其他形式,都非常地引人入胜,而且极为有趣。所以我想,从一个作家的角度来看,你可能会觉得如果你想写一个东西,你也必须变得有趣。

华莱士 是的,嗯,是有这样的风险;而另一种风险是,比如你想要再现20世纪早期的某幅绘画,而当时已经出现了摄影技术，因此对绘画的模仿兴趣逐渐消失了，一切都变得非常抽象——这是一个真正的问题。我已经不再看电视了，但是当我像现在这样接受采访或者在旅途中的时候，我会在酒店看看电视，每次都被电视里播放的广告所震惊：它们简直太吸引人了，它们有趣时髦，它们准确定位到了我高中阶段的焦虑和欲望，而这是伴随我长大的那些广告无法做到的。究其原因是，现在做广告的很多人是我上大学那会儿感到惧怕的那群嬉皮模样、愤世嫉俗，而且很酷的人。他们现在每年能挣两百万美元，任务就是想办法去做这些事情。其实他们已经非常、非常精通此道了。

保尔森　我现在必须跟你谈谈你的另一个短篇故事，《受难频道》，其中讲述了一档新的电视真人秀节目如何展示折磨、谋杀、强奸等真实情节。这个作品是否反映出你对某种反乌托邦式的未来中可能发生的事情的看法？

华莱士　我倒没有特别想过这个问题。就我的理解而言，电视真人秀节目都遵循某种特定的逻辑，而且不难将这种逻辑发挥到极致。我想到了"解剖名人"那一类节目，就是某个名人的童年伙伴围坐在一起，谈论这个名人是否是个好人，而这种逻辑的终点一般是把这个名人"解剖"得支离破碎才行。可问题是用这种方式我们究竟能走多远。这类节目的关键在于抑制参与者和组织者的羞耻心。在某个时候他们会发现,即使观众在嘲笑或谈论着节目的品位多么低俗,他们仍然在观看,而且成功的关键就是让人们去看,这才是有利可图的。我认为一旦我们开始丢失羞耻感,只有时间会证明我们究竟能走多远。

保尔森　你的散文和小说以多种特色而著称,比如脚注,经常离题去讨论各种奇怪的信息、晦涩难懂的科学及哲学知识等。这类东西对你有特殊的吸引力吗?你是否渴望更多地了解这个世界?

华莱士　我不知道是不是这样,你知道,但我的确一直尝试做一些对我来说很真实的事情。而且——我不知道其他人的内心是什么样的——我经常感到非常分裂,好像脑海中回荡着一曲由不同声音、画外音及其他零碎片段组成的交响乐,一直在偏离、偏离、偏离……我知道那些不太喜欢我作品的人会把我写的很多东西看成是令人厌恶的垃圾。这至少是我创作的初衷,困难的是要为看起来非常离谱并且支离破碎的东西赋予形式和意义,这就需要大量的草稿,但最后的结果很可能就像,你知道,一种疯狂的独白或其他什么东西。我不知道我对细枝末节或仿真陈述的兴趣是否比其他人强烈,我只知道它们经常在我脑海中蹦蹦跳跳。

保尔森 我从小说家扎迪·史密斯那里看到一句话,她说:"作家的工作不是告诉我们某人对某事的感受,而是要告诉我们世界是如何运转的。"你同意这一说法吗?

华莱士 嗯,扎迪的这句话是在某种社会议题下关于现实主义与更具实验性的后现代主义之间差异的非常智慧的陈述。如果你让我进一步解释的话,我最后也许会说这两者之间其实没有区别,它们就像哲学的不同分支,都是沿着同一个轨道向前运行。但是,如果你能表达清楚——如果你能够清楚地表达某人对某事的感受,那么你就会拥有一个关于世界运转方式的绝佳模板。这听起来像是一种唯我论的观点,但我差不多同意这种看法。不过,扎迪非常聪明,她创造了一个"上发条的商人",我想她这么说主要是为了催促人们迅速运转起来。

保尔森 但你同时表示,这似乎也代表着科学的走向,因为现在对意识的研究变得——我不知道——越来越复杂,在某种程度上,它们——我的意思是,我们如何看待这个世界——本来就存在于我们的脑海中,所以,也许在这个世界本身以及我们如何理解这个世界之间并没有扎迪说的那种区别。

华莱士 是这样的,但另外一个棘手的问题是,我们能够相互交流的唯一方式是通过语言,而在语言中内置的就是你刚才提到的这种观念，所以也许在思维之外其实什么都没有。如果思维之外什么都没有，其实也不是什么大不了的事。但是当我们彼此谈论起它时，它自然就会变得很重要。所以我认为，语言、人们彼此沟通的方式，以及这个世界通过语言进行运转的过程，都像是未知数一样，我并没有完全理解，所以……恐怕我的回答只能是虎头蛇尾了。

保尔森　你曾经学习过哲学，不是吗？

华莱士　是的。

保尔森　你现在仍然有那样的冲动吗？

华莱士　噢，在我学习哲学的那个时期，欧洲大陆正好开始对分析哲学加以解构，整个世界充斥着递归、衍生、事物自身的退化，以及对哥德尔定理的论证，我想当时的这种思潮从根本上对我产生了影响。我非常喜欢递归论，也非常喜欢矛盾、悖论，以及那些含有自我否定的陈述。我想学习哲学的那段日子比我生命中的其他阶段都要重要。

保尔森　我这里有一篇你写的文章，我想是在1993年，关于写作以及不同的小说家所要做的事情，你在文中抛出的一个观点是，讽刺在向我们施暴。讽刺中的隐含信息往往是，"我真的不是那个意思"，你接着指出，下一代具有反叛精神的作家也许会抛弃讽刺，转而选用真实的写作手法。我在这里引用你的话，"谁以崇敬和信念对待平淡无奇的人类烦恼和情感，谁就避免了自我意识和坐骨神经痛的折磨"。

华莱士　这话是我说的吗？

保尔森　这算不算对你自己写作的一种评论？

华莱士　我不知道是不是那样。这话在我听来都有些过时了。我想倒不如谈谈你之前提到的一个问题：也就是说，你在四十二岁的时候仍然在非常努力地写作究竟是种什么感觉。还有，嗯，应该怎么说呢……因为你希望你创作的艺术看起来又酷又时髦，你希望人们喜欢你的这些东西，但如今，那些所谓酷或时髦的东西已经高度地商业化了。当然，我认为其中的一些可以算作有价值的艺术，比如，《辛普森一家》就是一种有价值的艺术。但另一方面，在我看来，这种商业化模式也是对人类灵魂的无情腐蚀，因为一切都是拙劣的模仿，一切都显得荒唐可笑。而且，也许我已经老了，但就我而言，这些东西我大约可以看上一个小时，然后就必须离开去看看花呀、草呀，或者其他什么东西。如果必须要谈点什么的话，我想就是被我女朋友称为"内心的活力"的一种奇怪的挣扎，你知道我的意思吗？我们有时候真的可以由衷地为某件事情而哭泣，然而大部分时候

> 我们必须生活在一个由聪明、疲惫、成熟的人们组成的世界里,并且非常希望得到这些人的重视。我不知道到底是讽刺在向我们施暴,还是那些喜欢批判、同时又无比强大和真实的所谓时尚在欺压着我们。我也不知道这两者究竟有什么不同。我说的这些可能毫无意义。

保尔森 不,实际上你说的非常——
华莱士 那是我讲真话的实验。

保尔森 你说的很有道理。但你能同时掌控这两种冲动吗?
华莱士 不行,但我个人的观点是——我也经常这样告诉我的学生——如果艺术中牵涉到痛苦(其实现在这种访谈就是一种痛苦的形式),或者你想换任何一种说法,那么这种艺术就成为两种冲动之间争斗的战场。这两种冲动都不愚蠢,也都没有错,但我完全不知道如何把二者结合起来,而且我认为自20世纪50年代以来这就是件未解的难题。我认为这就是我们目前的处境。

保尔森 这就是你想在小说中做的事情吗?在同一个作品、同一个故事中展现这两种冲动?
华莱士 如果单纯为了这次谈话,我会说是的,但如果坐在一个明亮、安静的房间里,面对桌子上摊的纸和笔,我想做的就远不止这些了：呃……这是否让我想要呕吐？这看起来真实吗？这会是人们谈论的那种事吗？真实的情景其实比这些还要愚蠢。你明白的，对吗？一本书需要经历的所有出版程序都显得非常虚伪——比如我现在就正在跟评论界进行对话——我认为实际情况与表面呈现出的完全不同。

保尔森　是的，你说的很对。

华莱士　在我写作的时候，我脑海里的东西其实远没有这么复杂。

保尔森　如果可以的话，我还想问你最后一个问题。我正在为美国国家公共电台做一期关于戴尔·佩克的节目，我知道你肯定不喜欢这位评论家。嗯，我可以问你几个关于他的问题吗？

华莱士　可以，但你为什么认为我不喜欢他呢？

保尔森　因为他针对你的作品说了一些不好的话。也许这是我的主观臆断——你有没有读过他对你作品的评论文章？

华莱士　没有，我从来不读对自己作品的评论。我曾经在《纽约时报》和《新共和》上读过詹姆斯·阿特拉斯写的关于戴尔·佩克的文章，知道文学评论的整个套路是什么，所以我大概明白你的意思。但是，嗯，好吧……我是说，我没有读过他对我的评论，所以我对他没有什么个人看法。

保尔森　嗯，好的。
华莱士　嗯，这段话可以删掉。

保尔森　你也许听说过，他对于一些总是被放在一起比较的作家非常挑剔，比如：你和里克·穆迪，还有那些通常被划归到托马斯·品钦一类的后现代作家。我的意思是，我这样概括当然很草率，而且，嗯……他尤其严厉地批评了你的《无尽的玩笑》。你有没有——

华莱士　顺便说一句，严厉批评《无尽的玩笑》的并不止他一个人。

保尔森　当你看到这种言语攻击时，你觉得有没有必要，或者说你想要进行回应吗？

华莱士　我没有想过。其实关于那些书评……首先，阅读对自己写的东西的评论就像偷听——你曾经无意中听到两个人在谈论你，对吧？你会继续听下去，但接下来发生的事情不会令你感到高兴，因为这段话不是说给你听的，它总会使你发狂并且令你受伤。所以，就像这样过了一段时间后，我于是再也不读书评了。我认为写书评是一件困难的事。我也曾经写过一些书评，真的很难。在我看来，针对一件你根本不喜欢的东西去发表评论真的非常困难，因为如果你是一个小说家你就会明白，让你描述一件其他人眼中非常低劣的东西是多么困难。我想有时候我们可能会指责某些评论家最感兴趣的是他们自己的声誉，因为他们总是故意与人为敌，或者乐于兴风作浪。所以，任何时候当你发现一篇书评的主要目的是提升评论员自己的声誉，那我认为你应该赶紧找个地方躲起来，因为这一行为远远偏离了他们的行业规则——书评原本主要是一种善意的尝试，与公众探讨他们是否需要在某件事情上花费金钱或者时间。

保尔森 是的，而且我觉得让很多人对戴尔·佩克的书评感到惊讶的是，他自己也是一个小说家，可他看起来却非常野蛮，用他的话不客气地说，《无尽的玩笑》里边有八百页说的都是废话。

华莱士 嗯，我想说的是……你知道吗？我对此不想做任何回应，但我只想说，还记得我们之前谈到"丢失了羞耻感"吗？你需要做的就是说一些非常具有煽动性的话，然后人们就会开始谈论你，对吗？如果你不介意多数人所说的那些可怕、震惊或者有争议的话语，那么你就准备就绪了。如果你真的想成为人们谈论的话题，那么只需要抛开你的羞耻心。我不认识戴尔·佩克，也不知道他的目的到底是什么，我知道很多这种"正面进攻"类型的评论在某些方面其实非常狡猾，因为它们成功地吸引了大量的注意力，这对于被评论的书籍来说也许是一种意外的收获。也许有人看过评论之后会说，"天呐，这写的都是什么废话呀……我不喜欢这个评论员，所以我也许会把这本书买来看看……"谁知道呢？整件事情对我来说似乎和小时候看猫与狗打架一样有趣，但同时更加有利可图。

保尔森 你有没有写过很多……我想我应该没有看到过你对其他虚构作品的评论。这是你想刻意避免的事情吗？

华莱士 我在20世纪80年代末写过一些书评，主要原因是我当时真的很穷。这是人们所不知道的关于作家的另外一件事，那就是写作很艰难，而且往往得不到相应的报酬。所以当你在写作时，你会经常心情不好。我就是这样，我的意思是我写过一些很长的评论，然后把它们改成了散文，这是因为我还有一点灵活处理的余地。但是，如果周复一周、月复一月地重复进行评论工作，就是一项艰苦的工程了，我想我不太愿意就此发表太多看法——当然不包括刚才说戴尔·佩克的那些话。我曾经在阿特拉斯的那篇文章中读到过戴尔·佩克评论穆迪的那些言论，我想说的是，我对戴尔·佩克一无所知。我曾经跟他一起参加过一次讨论会，我记得他当时穿着皮裤，让我觉得非常奇怪，而这就是我对他的唯一印象。就我个人而言，我感觉我们俩在这同一个领域中的地位是不平等的，他似乎掌握了更多的能量。说真的，任何人读过他对我的评论之后也许都不会再对我写的东西感兴趣了，可这又有什么关系呢？

你也许有过这种不可思议的经历，
就是当你一遍又一遍地重复说某个词语，
到后来它就不再具有任何意义，
而是变得非常陌生、随意和奇怪，
试想一下这种情况发生在你自己的名字上。

THE LAST INTERVIEW

最后的访谈

采访者
克里斯托弗·法利

《华尔街日报》(*Wall Street Journal*)
2008 年 5 月

小说《无尽的玩笑》的作者大卫·福斯特·华莱士应《滚石》杂志的邀请，跟踪报道了约翰·麦凯恩2000年的总统竞选活动。这一报道后来作为独立章节被收录到他的散文集《思考龙虾》中。这篇文章现在又被改编成一本独立的书——《麦凯恩的承诺》得以发行。在接受电话采访时，华莱士先生说，他在整个过程中不断惊讶于"这些候选人是多么地深藏不露同时又分身有术"。华莱士先生还通过电子邮件的形式回答了关于总统候选人、年轻人选票以及画"笑脸"等多个问题。

《华尔街日报》　作为一个小说家，你为什么会愿意乘坐竞选巴士到处巡游呢？

华莱士　我之所以会对跟踪采访麦凯恩这一想法产生兴趣，是因为在去年的什么时候，我看到了他在查理·罗斯主持的一档节目上讲的一段话，当时他非常坦白并直率地谈论起竞选资金和党派斗争等问题，这些事情是我从来没有听任何国家层面的其他政客说过的。另外一点就是，我自己的政治观点与他相差十万八千里，因此不用担心我会被他洗脑，转而把报道写成广告宣传片。

《华尔街日报》　到目前为止，你是否改变了自己在书中提出的任何观点？

华莱士　如果遵循优良的政治传统，我应该拒绝你这个问题的预设前提。这篇文章尤其关注2000年2月的某几个星期，以及在这几个星期内麦凯恩个人和整个国家政坛的风云变幻。这篇文章在很大程度上依赖于当时的具体语境，而那一语境现在看起来似乎是很久、很久、很久之前的事情了。显然，麦凯恩本人已经发生了巨大的变化：包括他对罗伊诉韦德案、竞选资金、政治说客的狠毒、伊拉克时间表等问题的闪烁其词，这些都使他变成一个少了些趣味、同时多了些抑郁的政治人物——至少是对我而言。显然这一切都是可以理解的——他现在是共和党候选人，而不再是一个特立独行的反叛者。可以理解，但令人沮丧。我在这篇文章中也提到，在高喊着"万福玛利亚"之类的话的同时展开一场胜算渺茫的竞选与进行一场切实可行的竞选活动之间存在着巨大的差异（实际上，麦凯恩大约就是2000年在新罕布什尔竞选的时候，才刚从前者转变到后者）。对于真正想要获胜的人来说，是否仍然存在严肃的荣誉、坦诚和原则，这是一个非常深刻并且令人不安的问题。我不会收回在那篇文章中所说的任何言论，但我希望读者能够在阅读每一页时都把当时的时间和背景记在心里。

《华尔街日报》 你在文章中说，约翰·麦凯恩在 2000 年就已经成为"美国政治中民粹主义的伟大希望"。你觉得 2000 年的麦凯恩和 2008 年的巴拉克·奥巴马之间有什么相似之处吗？

华莱士 应该说有一些相似之处吧，比如吸引新选民的能力、独立的作风、利用网络团结草根阶层来筹集大笔资金的能力，等等。但他们之间也存在着很多差异，其中很多都不言自明。奥巴马首先是一个演说家，而且是一个老派的雄辩家。就我而言，他似乎比麦凯恩更像一个传统的民粹主义者，因为麦凯恩并不能算是一个优秀的演讲者，他的主要优势在于提问环节和小型的媒体会议。但是还有一个更大的"原因"。事实上——在我看来——布什政府执政的这七年零四个月完全是一场充斥着贪婪、傲慢、无能、虚伪、腐败、玩世不恭和蔑视选民的恐怖表演。很难想象一个自称的共和党人如何能将自己定位为民粹主义者。

《华尔街日报》　　在这本书中，你谈到现在为什么有这么多年轻人对政治失去了兴趣。你认为怎样才能让年轻人愿意去投票站呢？

华莱士　　嗯，这个情况就完全不同了。别的暂且不谈，过去这七年零四个月已经清楚表明，最后究竟谁当选总统非常关键，简直事关重大。还有一个事实是，目前存在一些亟待解决的重要问题——石油价格、二氧化碳排放、伊拉克战争等——这些都比较容易吸引所有年龄段以及教育阶层的选民参与民意调查。对于更有兴趣或更老练的年轻选民来说，他们关注的问题则更为细致，比如国债和账外战争基金、美元的崩溃及其对宪法保护所造成的严重破坏、权力分立、国际条约所规定的各项义务等。

《华尔街日报》　　你以书写错综复杂的大部头书籍而闻名。你的小说《无尽的玩笑》就有一千页之多，《麦凯恩的承诺》却只有一百二十四页。是什么原因令你决定放弃对重量级的追求？

华莱士　　这本书实际上是从一篇杂志文章改编而来的，我当时觉得作为一篇文章的话，它的主题过于庞大和棘手，而且内容线索比较复杂，因此才决定改编成书籍的形式。

《华尔街日报》 我有一本1996年你的出版社寄给我的《无尽的玩笑》的样书,你在上边签了名字,并且名字的下方还画有一个小笑脸。我一直在想,那个笑脸真的是你画的吗?

华莱士 我们当时给《无尽的玩笑》制定的推广计划中有一项内容,就是尽可能多地向可能感兴趣的读者送出签名初版(或者是样书)。出版社当时给我寄了一个大箱子,里边装满了平装书大小的纸张让我签名,然后他们会用某种办法把这些签过名的纸装订到这些"特别"的书籍中。我差不多花了整整一个周末在这些纸张上签名。你也许有过这种不可思议的经历,就是当你一遍又一遍地重复说某个词语,到后来它就不再具有任何意义,而是变得非常陌生、随意和奇怪,试想一下这种情况发生在你自己的名字上。当时就是这种情况,同时也很无聊。简直太无聊了,于是我开始在纸上画各种各样千奇百怪的小图案,试图让自己保持状态。你所说的"笑脸"其实是我小时候为了自娱自乐而创造的一个卡通人物的一部分。我感觉画画很有趣,可以随心所欲地为这个人物设计夸张的造型或者改变他的容貌。我之前在签书会上也看到过这些"特别"的书,而每次看到那张"笑脸"都令我忍俊不禁。

大卫·福斯特·华莱士 DAVID FOSTER WALLACE

美国小说家、短篇小说家和散文家。他最著名的作品是1996年出版的长达千页的小说《无尽的玩笑》。他还著有短篇小说集《头发奇特的女孩》《对丑陋人物的简访》和《遗忘》，以及为《哈泼斯杂志》(*Harper's*)、《滚石》(*Rolling Stone*)、《大西洋月刊》(*The Atlantic Monthly*)和《网球》(*Tennis*)等报纸杂志撰写的非虚构类散文作品。他的非虚构散文全部收录在《思考龙虾》和《所谓好玩的事，我再也不做了》这两部作品集中。他被广泛誉为"一代人的声音"，并赢得国内外多项大奖。他未完成的小说《苍白的国王》于他死后的2011年出版，并荣获普利策奖提名。在他去世前的几年里，华莱士任教于加利福尼亚州波莫纳大学。

劳拉·米勒 LAURA MILLER

沙龙网（Salon. com）的联合创始人，并为《纽约时报书评》(*The New York Times Book Review*)、《纽约客》(*The New Yorker*)、《洛杉矶时报》(*Los Angeles Times*)和《华尔街日报》(*Wall Street Journal*)撰稿。她是《魔法书：一个怀疑论者的纳尼亚历险记》一书的作者。

汤姆·斯科卡 TOM SCOCCA

"翻转死亡"（Deadspin）网站的总编辑，也是《北京欢迎你：揭开未来首都的面纱》一书的作者。

斯黛茜·施迈德 STACEY SCHMEIDEL

在大学公共关系部门工作，是一名自由撰稿人。

戴夫·艾格斯 DAVE EGGERS

美国获奖作家、编辑和出品人。他的作品包括《一个惊人天才的伤心之作》《什么是什么》以及《泽图恩》。他是独立出版社麦克斯韦尼的创始人和编辑。

史蒂夫·保尔森 STEVE PAULSON

著名节目"尽我们所知"的执行制片人和联合创始人。他是沙龙网的长期撰稿人,并定期为《石板》(*Slate*)杂志、《赫芬顿邮报》(*Huffington Post*)及其他出版物撰稿。他是《原子与伊甸园:宗教与科学的对话》一书的作者。

克里斯托弗·法利 CHRISTOPHER FARLEY

《华尔街日报》的文化网站"地下酒吧"的编辑。他曾在《华尔街日报》担任高级特别撰稿人,并在《华尔街日报周末版》担任高级编辑。